記憶と移動のダイナミズム

環境・文化・人間の関係学

茨城大学グループ《echo》

大学教育出版

まえがき

　環境問題が人間が直面している最も重要な問題であることは誰でも認めるだろう。我々は、そのことがらが社会的に重要であり、ことさら取り上げて解決する必要があるとき「〜問題」という言い方をするが、環境問題はまさにそのようなことがらである。
　ところで、「〜問題」という言い方をするとき、我々はその問題が簡単に解決しないことも承知している。それは解決の方策がすぐに見つかるような単純なことがらではない。ここで重要なのは、このことを逆に考えれば、「〜問題」と言われるようなことがらは、それを丁寧に追いかけていけば様々なことがわかってくる糸口でもあるということである。つまり、環境問題が重要なのは、それが現代社会のあり方をあらためて考え直すことを我々にせまる「問題」だからだというところにもある。
　一方、「環境」という言葉は現代社会を論じる様々な場面で用いられるようになった。なぜだろう。ものの考え方・論じ方ということでいうならば、環境問題を考えていく際にとることが必要な態度、つまり、人間はそれを取り巻く環境に影響され、また環境に働きかけて活動するという視点をとるということ、それが現代社会の様々なことがらを論じる際に決定的に重要であることを皆が認識するようになったからだ。
　つまり、人間が行っている様々な活動を深く理解し、それをより良いものにしていこうとする時、その人間とその活動が行われている環境との関係をしっかりとらえることが必要だと、誰もが考えるようになったのである。

本書も、まず「人間は環境のなかに生きる」ととらえることから研究を始めようという、このような態度を共有するものである。そのような方向で、人間の営みと環境のあり方、何よりも両者の関係を明らかにし、いかにすれば人間は本当に豊かに生きることができるのかを考える手がかりを得よう、というのが本書のめざすところである。

　その上で、本書の特徴とねらいは以下の点にある。
　第1に、環境を、物質的環境ということに限定せず、人々の活動を支えている生活の仕方、ものの考え方をも含み込むものとしてとらえていること。ハードな環境とソフトな環境の両面を問題にしているといってもよい。書名の副題の「文化」とはこの後者のことを指している。いわゆる環境問題の解決も物質的環境だけを問題にしていては不可能である。人間がそれに影響され、またそれに働きかける、物質的環境と文化の両方を問題にし、両者の絡み合いをとらえていかなければ、そこで生活し活動する人間のあり方をトータルに理解することはできない。本書のめざすのは、環境問題を考える中で形成されてきた「関係」を重視する思考法に、より広く豊かな内実を与えることである。
　第2に、物質的環境と文化の双方をダイナミックなものととらえていること。物質的環境にしても文化にしても安定的に維持されているからこそ、環境や文化と呼ぶことができる。しかし、両者ともまったく固定的・静止的なものというわけではない。その中で行われる人間の活動等に伴って物質的環境も文化も姿を変える。また、総体としての物質的環境と文化、そしてそれを構成する様々な契機は、空間的・時間的広がりの中で、異なった位置に置かれる。物質的環境と文化の安定性と変化の両側面が繰り広げるダイナミズム、それをとらえようとして浮かび上がったコンセプトが、書名にした「記憶」と「移動」である。「記憶」と「移動」というコンセ

プトを手がかりにして、人間と社会のダイナミズムを具体的な事象をふまえながら提示しようというのが、本書のめざすところである。

　第3に、このような環境・文化・人間のダイナミックな関係を、多様な視点から領域横断的にとらえようとしていること。本書の5人の著者は、それぞれに異なった専門領域をもっている。ものごとには、各々の専門領域の独自の視点をとることで初めて見えてくることがある。その意味で、5人がそれぞれの専門領域独自のアプローチをすることによって、環境・文化・人間のダイナミックな関係について、それぞれにユニークな考察をすることが可能になった。さらに、それが合わさることで、個々の視点からでは見えてこない構造が浮かび上がる。学際的な研究というのは往々にして単なる寄せ集めに終わってしまうことがあるが、我々は相互の討論のなかで、各々が扱っている事柄が相互に関連し合い、また各自の問題意識が共通していることを確認してきた。読者が、各章の独自の切り口から見えてくるもの、それらを総合してさらに理解できること、その両方を読みとっていただければ、幸いである。

　本書は元来、茨城大学の教養科目（全学部の学生が対象）の教科書として用いるために編まれた。

　我々5人は、専門科目とは別におかれる教養科目には3つの役割があると考えている。

　第1に、どんな専門分野に進むにしても現代社会を生きる人間として必要な基礎的知識・技能を身につけること。これは、いわゆる古典的教養を意味しない。現代社会の現実の問題に即した生きた知識・技能であってこそ、実社会で生きる力を根底から支えることができるだろう。

　第2に、自分が学ぶ専門分野を支える思考の方法と知的バックグラウンドを幅広く理解すること。専門の細分化が進んだ現在の学問においては、

専門科目を学んだだけではこのような理解が得られにくい。しかし、専門性を高めていくためにも、考え方の引き出しを多く持つこと、学問を支える知の枠組みを理解しておくことが不可欠である。
　第3に、自分の専門分野以外の分野の知的活動のエッセンスを知っておくこと。自分の専門分野以外のことに無知というのでは、高度な専門化に支えられている現代社会においては、往々にして「専門家」に煙に巻かれるということになってしまう。
　本書も、この3つの役割に応えるように編まれた。
　しかし、いうまでもなく、教養科目が提供するこの3種の知識は、現代社会に生きるすべての人に必要な知識である。その意味で、本書は、一般の読者の方にも十分に役に立つものであり、広く読まれることを期待している。

　著者グループ名「echo」の、eはenvironment：環境、cはculture：文化、hはhuman：人間、oはopinion：意見の頭文字をとったものである。環境・文化・人間の関係について、著者たちの間で、そして著者と読者との間で、様々な見解が響き合う（echo）ことができればという我々の思いを込めたものと受け取っていただきたい。

2001年9月

　　　　　　　　　　　　　　　　　　　　　　　　木村　　競

記憶と移動のダイナミズム
―環境・文化・人間の関係学―

目　次

まえがき ……………………………………………〈木村　競〉　1

第1章　移りゆくものの倫理 …………………………〈木村　競〉　9
　　研究アプローチ　10
　　はじめに　12
　　1　記憶と生　13
　　2　ものと場所に宿る記憶　18
　　3　移動と環境—変わるものと変わらないもの　22
　　4　集団・文化・環境　27
　　5　移りゆくものの倫理　31
　　研究課題　35
　　文献案内　36

第2章　モノの流れからみる環境問題 ………………〈小林　久〉　39
　　研究アプローチ　40
　　はじめに　42
　　1　環境と物質循環　44
　　2　人と社会が消費するモノ　48
　　3　資源利用の記憶と変遷　55
　　4　物質循環への対応　58
　　5　これからの道筋　66
　　研究課題　68
　　文献案内　69

第3章　琉球弧・シマの記憶
　　　　　—都市で共同の形を編みなおす— ………〈石井宏典〉　73
　　研究アプローチ　74
　　はじめに　76
　　1　シマの景観　78
　　2　近代変動期の出稼ぎ　82
　　3　焼け跡からの再建—大阪のメッキ工場　87
　　4　戦場の傷痕を繕う—那覇・新天地市場　92
　　5　シマの記憶　97

研究課題　*100*
　　　文献案内　*101*

第4章　アメリカ・都市の発展とエスニシティの記憶 ……………〈君塚淳一〉　*103*
　　　研究アプローチ　*104*
　　　はじめに　*106*
　　　1　都市の発達と移民　*107*
　　　2　ユダヤ系移民とニューヨーク：都市と文化　*112*
　　　3　ユダヤ系アメリカ人と移民そしてハリウッド　*116*
　　　4　60年代―文化多元主義と民族集団としてのアイデンティティ　*122*
　　　5　むすび―民族の「ルーツ」という記憶　*126*
　　　研究課題　*128*
　　　文献案内　*130*

第5章　都市の構造と環境問題 ……………………………………〈神子直之〉　*133*
　　　研究アプローチ　*134*
　　　はじめに　*136*
　　　1　都市生活者の苦悩　*137*
　　　2　都市の繁栄と構造的欠陥　*142*
　　　3　生活環境は守られているのか　*145*
　　　4　地球都市の時代　*150*
　　　5　文化をはぐくむ都市の創造　*154*
　　　研究課題　*158*
　　　文献案内　*159*

《コラム》　都市と倫理学 …………………………………………　38
　　　　　　大きな単位と小さな単位 ………………………………　72
　　　　　　物　　語 ……………………………………………………　102
　　　　　　地球環境問題とリサイクル運動 ………………………　132
　　　　　　原始人の生態と労働 ……………………………………　160

あとがき ………………………………………………………〈君塚淳一〉　161
執筆者紹介 …………………………………………………………………　163

第1章

移りゆくものの倫理

研究アプローチ

　この章は、環境そして文化の中で生きる人間はどのような倫理をもつことで豊かに生きることできるのか、ということを考えてみようという章である。

　では、倫理って何だろう。

　高校の科目の名前に「倫理」というのがあったけれど、ふだん使う言葉じゃないな。うーん、でも「政治倫理」というのは聞いたことがあるぞ。と、思った人が多いのではないだろうか。

　そこで、まずはじめに、そもそも倫理とは何かということを確認しておこう。「倫理」という言葉の使い方を手がかりにしよう。

　「倫理」ということで、今の日本で一番よく耳にするのは「政治倫理」だろうか。「政治倫理を確立する必要がある」などという形で使われるが、これは「政治家がその立場や権力を悪用しないようにしなければならない」ということを意味している。したがって、この場合の倫理の意味は、悪い行為の禁止ということと考えられる。

　最近では「生命倫理」という言葉も聞かれるようになった。生命倫理の場合は、医療関係者など人間の生命を扱う業務にたずさわる人は、命ある人間に対してどのようなふるまい方をすべきか、さらには生命とどのように向き合うべきか、ということが意味されている。この場合の倫理は、悪い行為の禁止ということにとどまらずに、人間の行為のよきあり方を示す指針という、より積極的な意味ももっている。

　これらの例をもとに現代日本における倫理という言葉の用法を一般的に考えるならば、倫理とは、行為の仕方についての規範を意味しているということができる。つまり、ある一定の場面・状況におかれたとき、人はこ

のようにふるまうべきである／ふるまうべきでないということを定めるものという意味で、倫理という言葉は使われている。
　しかし、では、倫理の意味はこれだけであろうか。
　哲学関係の事典などをみると、「倫理学」について「人間のよい生き方を問い、それを吟味する学」などと書いてある。また、高校の「倫理」という科目を学んだことがある人は、そこで人間の生き方を問い直す古今東西の思想家たちの様々な思索が扱われていたことを思い出すかもしれない。これらで考えられている「よい生き方」というのは、単に規範に合った生き方ということ以上のものを含んでいそうである。倫理と似た言葉には「道徳」があるが、倫理と道徳とはどう違うのかという疑問もわいてくる。
　ここで現代フランスの哲学者フーコーの議論を参考にしよう。フーコーは晩年の『快楽の活用』という著作で「倫理」ということをあらためて問題にする。「道徳」という言葉を広く用いながら、そこから「倫理」を区別する。すなわち、行為とその価値についての社会的規範を「道徳規範」と呼び、それを拠りどころにして人々が現実にどのように行動しているかを表したものを「行動の戒め」と名づける。そして「倫理」とはこれらとは次元の違うことがらで、「行動する道徳的主体として、人々が自分自身を構成しなければならぬときの流儀」だという。
　つまり、人々はその社会の道徳規範に対して、自分の立場を定め、自分のあり方を設定していく。しかし、そのために人々は「自分自身に働きかけ、自分を知ろうと企て、自分を抑制し、自分を試練にかけ、自分を完璧なものにし、自分を変革する」ということを行う。このような「道徳的主体としての自己自身の組み立て」の「流儀」が「倫理」だとフーコーはいうのである。
　この章においては、倫理を、自己自身の変革・主体的な組立という点を

含むこのような意味で用いることにする。

しかし、それは単に道徳規範に自分を合わせるということとは違う。人間は、環境と文化の中で生きる。この本の全体で示されるように、環境と文化はそれ自体がダイナミックなものである。その中で生きる人間は自らのあり方を主体的に作り上げていかざるを得ないが、同時にそれは環境と文化を作り上げていくことでもある。

では、その「流儀」はどのようなものか、どのようなものであるべきか。環境と文化の中で人間の生き方を形づくる様々な契機を考えていこう。

▼ はじめに

この章の理解を助けるために、研究アプローチで述べた視点から各節で何が論じられるのかということを先に概観しておこう。

第1節の「記憶と生」では、記憶が人間の生をどのように支えているかを確認する。記憶は単なる過去の出来事の表象の蓄積ではなく、主体と客体にまたがり、過去と現在をつないで、現在の生を支えるものであるという立場から、記憶と想起のはたらきを考える。

第2節の「ものと場所に宿る記憶」では、具体的なものや場所が記憶をよみがえらせるということを手がかりに、記憶が宿るものや場所が過去と現在を絡み合わせるさまを検討する。ものと場所に宿る記憶が社会集団にとってもつ意味も合わせて考えよう。

第3節の「移動と環境——変わるものと変わらないもの」では、人間の空間的・時間的移動によって、その人間にとっての環境がどのように変化するかを考える。環境の変化とは、環境主体と環境の構成要素との関係のあり方の変化であることが取り出されることになる。

第4節の「集団・文化・環境」では、人間が集団的な存在であることを念頭におきながら、社会集団の生活様式・ものの考え方の規範としての文化と環境の関係を考える。文化を生活様式・ものの考え方の集団的な記憶ととらえる一方、環境が文化の現実化の一形態であることが確認される。
　第5節の「移りゆくものの倫理」では、「道徳的主体としての自己自身の組み立て」の「流儀」としての倫理が「規範をふまえて規範を超えていく」という性格をもつことが、人間の主体性が環境＝記憶＝文化という動的なものとの相互作用の中で発揮されるということから考察される。そして、このような動的な関係の中で倫理がいかなるものであるべきかを展望する。
　この章の議論はある意味で抽象的ではある。それをじっくりと追いかけるとともに、この本の他の章のより具体的な議論と結びつけながら理解していって欲しい。

1　記憶と生

　「あなたが小学校に入学したときの時の記憶を話して下さい」と問われた時、あなたは何を語るだろうか。入学式でそろって「おめでとう」と迎えてくれた上級生の声だろうか、はじめて入った教室の匂いだろうか、先生から渡された教科書の表紙の絵だろうか、それとも隣の席の子と仲良くなった時の嬉しさだろうか。
　小学校入学という昔の出来事について問うこの問いを、あなたが自然に受け止められることからわかるように、ひとまずは、記憶とは過去の出来事にかかわることである。普通には、思い出された過去の出来事の内容のことを記憶という。しかし、現在までその内容を保持してきたはたらき、

加えて、それを思い出してよみがえらせるはたらき（これを想起という）も記憶の成立には欠かせない。記憶は過去と現在とをつなぐはたらきをしている。

　哲学は、古くからこの記憶あるいは想起ということが知的探求にとってきわめて重要であることに着目してきた。たとえば古代ギリシャのプラトンは、霊魂はこの世に誕生する以前に真理を得ているのであって、論理的な根拠付けという知的な探求の過程でその記憶を想起するのだと考えた。近代ヨーロッパの哲学においても、人間は物事の本質にかかわる知識を生まれながらに有しているという立場をとるにせよ、すべての知識は生きてゆく経験から得られるという立場をとるにせよ、人間の思考や行動はそのような知識の記憶によって支えられているということを見逃さなかった。

　記憶の存在なしには人間は生きていけない。では、記憶は人間が生きることをどのように支えているのだろうか。それを考える手がかりにしたいのは、記憶にかかわる2つの二重性である。

　1つ目は、記憶の時間的な二重性。記憶は確かに「過去」の出来事にかかわることであるが、それが再現されるのは「現在」という時点である。記憶が支えているのは、何より現在の生である。では、記憶内容が存在するのは過去なのか、それとも現在なのか。

　2つ目は、記憶の主体・主観性と客体性という二重性。ひとまず、記憶を保持し想起するはたらきは人間という主体・主観のはたらきであり、記憶の内容も主体・主観のもつ表象として現れると考えることができる。だが一方、その表象は客体との関わりを含んだものである。最初の例でいえば、聴覚表象（声）も嗅覚表象（匂い）も視覚表象（絵）も客体が存在して引き起こされる感覚表象である。嬉しさという情感も客体から構成される一定の状況の中でなければ生じない。記憶のありありとした存在は、この客体性に支えられていると考えられる。しかし、記憶が過去にかかわる

ものである以上、それらの客体はもはや存在しない。では、記憶のありありとした存在は何が支えているのか。

　記憶の二重性から立ち上がるこういった問題について、記憶を自らの哲学の鍵となる概念として考察したフランスの哲学者ベルクソンの議論（『物質と記憶』）を参考に考えていこう。

　まず、第2の問題から。これについてはベルクソンの「イマージュ image」という概念が参考になる（「イマージュ」とは英語の「イメージ」に対応するフランス語である）。

　我々は様々なものごとを認識しながら生きている。我々は、ものごとを認識することはどういうことなのだろうかとあらためて考えると、まず客体的な対象が存在し、それを主体・主観（心あるいは意識と言ってもよいが）が知覚して、その対象についての表象を有するようになる、というような理論的枠組みで考えてしまう。しかし、いかなる理論も前提とせず、日常の見方に立ち返るなら、我々に現れるのはイマージュだけである。イマージュは何か特別のものではなく、我々に映るがままの現れのことであり、同時にそれ自身として存在するものである。ベルクソンが言うには「イマージュにとって、存在することと意識的に知覚されていることの間には、単なる程度の差異があるだけで、本性の差異はない。」主体的・主観的とされる「表象」や客体的とされる「事物」とは、イマージュに何らかの操作を加えて後からとらえ直されたものと考えるのである。

　このような考え方から出発するならば、先ほどの第2の問題は、記憶をイマージュであるととらえることで解決される。通常は主体・主観のもつ表象として考えられる記憶も、それもまたイマージュである限り、（現在の認識と同様に）ありありと存在もしているのである。

　では第1の問題はどうなるであろう。このイマージュという概念を導入すれば、第1の問題は、記憶イマージュが存在するのは過去なのか、それ

とも現在なのか、と言い換えることができる。こう言い換えても、この問題はなかなか難問のように見える。

しかし、このような問題の立て方は、過去と現在とを互いに独立した2つの時点であるということを前提としている。このような前提に立たない考え方はできないだろうか。ここでもベルクソンの考えを参考にしよう。

ベルクソンは次のように言う。「実際には、知覚とわけることのできない記憶が、現在の中に過去を挿入し、また持続の多様な瞬間を1つの直観に収縮させる。」ここで、「知覚」とは現在における認識のことであり、「持続」とは認識の総体のことをいっている。つまり、記憶はいつも知覚の場面に控えており、そこに過去が入り込む条件をなし、さらに、知覚と記憶とを一度に把握させ、認識を構成する働きをなしていると言うのである。

ベルクソンにとって認識とは、そのフランス語であるreconnaissanceという語の成り立ちそのままに、再認のこと、つまりある対象を再び知ることである。認識される対象は新たなものであるが、他方、認識とはそれが何であるかを捉えるものである限り、そこで対象は、すでに把握された何かという枠組みのものとで見いだされる。だから、認識には、把握された何かを呼び覚ますはたらきとしての記憶の関与が不可欠ということになる。

認識への記憶の関与という視点から、ある文章を暗記するという例において、ベルクソンは記憶の2つの類型をいう。

1つは、身体の習慣的運動になぞらえられる記憶である。すなわち、ある文章を暗唱できるようになった時、その文章の記憶は、いつ記憶されたかということが問題にならないような身体運動として反復して自動的に現れてくる。もう1つは、暗記のための個々の朗読の場面の記憶である。これはイマージュであり、「私の人生における1つの出来事としてあり、本

質上1つの日付をもち、したがって反復することはできない。」実際の記憶の働きは、こうした記憶の2つの形態をともに含む。

　第1の記憶は、非時間的であり、過去と現在の区別は無意味である。また、誰それのという人称性をもたない。それは運動的な習慣として認識の基底を形成する。第2の記憶は、誰それのという人称性をもって現れる過去の姿であるが、それは現在における認識も支える。2つを合わせて、記憶は現在の知覚に対して以下のようにはたらくとベルクソンは考える。「外的知覚が実際に我々の側に運動を呼び覚まし、それがおよその輪郭を描きだすならば、我々の記憶は受け取った知覚に、それと類似する古いイマージュか、または我々の運動がすでに素描した古いイマージュを向けていく。記憶はこうして、新たに現在の知覚を創造する。」

　したがって、記憶が人間が生きることを支える仕方については、この2つの類型に即して以下のように考えることができるだろう。

　第1の表象的ではない記憶は、認識の基底を形成し、慣れ親しんだ日常性の情景を生み出す。よく知っている（＝記憶している）街を移動する際に、我々はその街を、ほとんど意識することなく身体の運動系に取り込みながら捉えている。我々は、身体に埋め込まれ非人称的になった習慣＝記憶によって、われ知らずに世界の中に住み込んでいくのである。

　第2の記憶イマージュとしての記憶は、過去の存立の一部をその位置そのままに現実化させたイマージュであり、現在の知覚が生にとって有用なものであることを支える。この現実化の作業についてベルクソンは、「写真機の焦点合わせの作業に似ている」とする。我々の記憶は最初は潜在的な状態にとどまったままであるが、この作業の中で「それは少しずつ、凝集する星雲のように姿を現し、潜在的状態から現実的状態に移行する。」

　かくして、我々は記憶に支えられてこそ、現在の生を現実に生きることができるのである。

2　ものと場所に宿る記憶

　第1節の最初の問いにもどろう。「あなたが小学校に入学したときの時の記憶を話して下さい」と問われた時、あなたによみがえるのは、「おめでとう」という声、教室の匂い、教科書の表紙の絵、そしてあの隣の席の子と仲良くなったという嬉しさ。記憶は、具体的なもの、場所、状況に関わる。

　記憶が具体的なもの、場所、状況に関わるということは、実は、想起すなわち記憶をよみがえらせるはたらきの開始を考える際にも重要な点である。

　ある具体的なものが記憶をよみがえらせるということで有名なのは、フランスの作家プルーストが『失われた時を求めて』の中で描いた「マドレーヌ体験」である。「私」はマドレーヌを浸しておいた紅茶を一口飲んで「原因のわからない快感」におそわれる。最初はそれが何であるかわからない。しかし、「私はあらためて精神をあの最初の一口のまだ新しい味に対面させる」ことをするうちに、突如として回想が現れる。今食べた「マドレーヌの小さなかけらの味覚」が「私」が幼い時、日曜の朝いつも叔母がくれたマドレーヌのかけらの味覚であることに気がついたとたん、幼少時を過ごしたコンブレーの街のすべてがよみがえる。

　このような体験を我々は十分に理解できる。それどころか自ら思い当たることがある人も多いだろう。机の片隅から出てきた使いかけのちょっと気取った便せんを見て、それを使ってラブレターを書いた昔のボーイフレンドとの様々な思い出がよみがえる、というような。

　この「マドレーヌ体験」を、プルーストは、紅茶の最初の一口ですぐに回想がよみがえったようには描いていない。プルーストは「精神は、まだ

存在していない何物かに直面しているのだ、精神だけがそれを現実に存在させ、やがてそれを自分の光の中に入らせることができるのだ。」と書いている。ここでは、記憶が生成している。プルーストは「創造する」とまで言う。しかし、かといって、記憶を、精神が現在という時点で作り上げるものとは言えない。記憶は、あくまで、ものとの出会いをきっかけにして、向こうからやってくる。

このような事態は、「マドレーヌの小さなかけらの味覚」を、第1節で取り上げたベルクソンの言う「イマージュ」であるととらえることで理解できる。プルーストの描写する「精神」のはたらきは、現在の知覚イマージュによって「呼び覚まされた」運動としての記憶の中で行われる「写真機の焦点合わせの作業」であり、それによって記憶イマージュが「潜在的状態から現実的状態に移行する」のだと考えることができる。

ここで「マドレーヌの小さなかけらの味覚」が特別なのは、それが現在の知覚イマージュでもあり、過去の出来事の記憶イマージュでもあることにある。「マドレーヌの小さなかけらの味覚」というイマージュがこのような特権的な性格を持っていることを、「ものに記憶が宿る」と表現しておこう。これは、記憶が物質的なものの中にそれ自体として保存されていることを意味しない。そうではなくて、「マドレーヌの小さなかけらの味覚」というイマージュの存在によって、現在と過去を絡み合わせる記憶という現象が可能になるということである。

しかし、「記憶が宿る」のは個々のものに限っているわけではない。たとえば、同窓会で何年かぶりに訪れた小学校の校庭に立った時、そこで皆でドッジボールをして遊んだ記憶がよみがえるということは、誰にでもあることだろう。今立っている場所は、昔遊んだ場所でもある。この場所によって現在と過去が絡み合うという意味では、今度は「場所に記憶が宿る」という表現をすることができるだろう。

「ものに記憶が宿る」ということと「場所に記憶が宿る」ということは全く別のことではない。記憶が宿る個々のイマージュは独立に存在しているわけではなく、他のイマージュと関係を持ち合いながら1つの世界を構成している。このイマージュの複合体としての世界（の一部）を複合性のレベルでとらえたものがここでいう「場所」である。逆に言えば、「場所」は、その1つ1つに焦点が当たっているわけではないが、多くのイマージュから成り立っている。したがって、「ものに記憶が宿る」場合と「場所に記憶が宿る」場合の違いは、記憶が現在と過去を絡み合わせて展開していく、その最初の場面のあり方の違いにすぎないといった方がよい。

　「ものに記憶が宿る」という表現がより適切なのは、現在と過去を絡み合わせる記憶があるものに凝縮している場合、すなわち、そのもののイマージュのもっている意味がシンボリックな場合である。しかし、この場合でも、シンボルとしてのイマージュに凝縮された意味の内実は、他のイマージュとの連関が顕になっていくプロセスではじめて十分に理解される。たとえば「マドレーヌ体験」の場合も、「マドレーヌの小さなかけらの味覚」というイマージュからよみがえった記憶は、コンブレーという街という場所、そしてそこでの生活全体に広がっていく中でその全貌を顕らかにしていく。

　対して、「場所に記憶が宿る」という表現がより適切なのは、その場所を構成するイマージュの配置や分布が現在と過去を絡み合わせる記憶として重要な場合、すなわち、その配置や分布がコスモロジカルな意味を持っている場合である。しかし、こちらの場合も、この1つのコスモス（＝秩序をもった世界）の詳細は、このコスモスを構成する個々のイマージュが浮かび上がることなしには十分に理解できない。たとえば、小学校の校庭という「場所」に宿る記憶は、現在と過去に共通する、影を落とす校舎のたたずまい、地面に引かれた白線というイマージュによって構成されてい

るのであり、そこから、ドッジボールをする子供たちの歓声、動き、表情などのイメージが引きずり出されるようにして浮かび上がってきて初めて、現在と過去が絡み合わされていくのである。

　しかし、ここで、ものや場所に宿る記憶が現在と過去を絡み合わせるということをもう少し考えておこう。

　そもそも、記憶は忘却を前提とする。忘却することで我々は過去を置き去りにして新たな現在と直面することができる。裏返しに言えば、現在を生きることには常に過去を忘却することが伴っている。それなのになぜ、我々はひとたび忘却した過去を記憶としてよみがえらせるのか。あるいは、記憶としてよみがえる過去は忘却した過去のすべてなのだろうか。

　記憶が宿ったものの典型であるモニュメントを手がかりに考えてみよう。モニュメントとは、記憶を宿らせるように意図的に設置されている「(場所を伴った)もの」である。たとえば、パリのエトアール広場に立つ凱旋門を考えてみよう。凱旋門とは古代ローマで戦勝の記念として立てられるようになったものだが、パリの凱旋門はナポレオン1世率いるフランス軍の戦勝を記念して1836年に完成したものである。

　モニュメントは必ず誰かにとってのモニュメントである。凱旋門の場合、ひとまず、その戦争に直接関わった人々にとってのモニュメントであるが、より本質的には、その戦争を遂行した社会集団にとってのモニュメントである。パリの凱旋門の場合、その完成の1836年、既にナポレオン1世は退位していた。それでもなお、これの建築が続行され完成されたということは、この凱旋門がナポレオン時代に国民国家を形成し、ヨーロッパに覇を唱えることができた「フランス」という国家にとってのモニュメントであることを如実に表している。このモニュメントは、ナポレオン1世時代のフランスがヨーロッパの大部分を征服したという過去を選択的に想起させ、その記憶と現在を結びつけることで、フランスの現在が栄光の過去に

よって形成されたことを確認させる。つまり、モニュメントは、過去を選択的に意味付けることによって、ある社会集団の歴史の連続性とアイデンティティを確保するものなのである。

モニュメントのこのような性格は、記憶が宿るものや場所のすべてに見いだされるものである。個人も、集団も、選択的に記憶が宿るものや場所を手がかりに、過去の自分と現在の自分の同一性を確認する。マドレーヌによってよみがえる記憶は現在の「私」がその過去を生きたことを保証するのであるし、小学校の校庭に宿る記憶を共に見いだした昔のクラスの同級生たちはまさに自分たちが今でも同窓であることを実感するのである。

人間にとって、環境とは、何よりもこの記憶が宿るものや場所から構成されているものである。そして、そこに生きて記憶をよみがえらせることで自分が、自分たちが誰であるかということを確認しているのである。

3 移動と環境——変わるものと変わらないもの

前節の最後に、人間は記憶が宿る場所やもので構成される環境において生きるということを述べた。この節では、そのようなものとしての環境の変化ということを考えよう。

ここで注意すべきは、環境とは「何か」にとっての環境である、ということである。環境と言われるとき、必ずの環境のうちに存在するものが想定されている。たとえば、「生活環境」というときには、それはその中で生活している人間にとっての環境である。「自然環境」というときも、それはその自然の中で生存している様々な（人間の含めた）生物にとっての環境である（もちろん、その生物は同時に環境を構成する要素でもあるが）。この、それにとって環境というものが設定される「何か」を、「環境主体」

と呼ぶことにしよう。

　したがって、環境を考える際には以下の3つの契機を考慮する必要があることになる。第1に、それにとっての環境が想定される環境主体、第2に、環境を構成する環境要素、そして第3に、環境主体と環境要素との関係（詳しく言えば環境主体と構成要素間の連関との関係も含まれる）。環境が変化するということも、この3つの契機に即して検討されねばならない。この節では、環境主体を人間におき、人間にとっての環境の変化ということを、人間が移動することで環境主体、環境要素、両者の関係のあり方がどう変わるのかという視点から考えていこう。

　さて、移動ということにも様々ある。空間的な移動から考えよう。

　人間は1つところに留まって生活するわけではない。日常生活での近距離の移動から、旅行や転校の際の遠距離の移動まで、人間は常に空間的に移動しながら生活している。移動に伴って、その人間にとっての環境は当然変化するように思われる。

　しかし、空間的に移動すれば環境もまた変化すると単純に言うわけにはいかない。環境の想定の仕方に応じて、環境主体の空間的な移動が、ある環境から別の環境への移動ということになる場合と、同一の環境内での移動ということになる場合がある。たとえば、学生が家から学校へと移動した場合、その学生にとっての環境は、この移動によって家という生活環境から学校という学習環境に変化したとも言える。しかし、見方を変えれば、その学生の日常生活は両者を含み込む（より広い）同じ環境の中で行われているとも言えるのである。

　では、どのような場合に、環境主体の空間的移動が環境の変化にとって大きな意味を持つのであろうか。

　まずは、空間的移動が環境主体の活動の変化を伴っている場合である。たとえば、北海道から鹿児島に転勤した場合、空間的には大きな移動であ

る。しかし、同じ会社で同じ職種の仕事をすることになったとすれば、（職場）環境は大きく変化したとは言えない。対して、水戸から大洗へ旅行をした場合、空間的には小さな移動である。しかし、この場合、環境主体にとっては、日常的な環境から、非日常的な環境へと環境が大きく変化する。

　このような違いは、その環境の中で生きる人間がどのような活動をするかということから決まってくる。後者の場合は、旅行という通常とは異なる活動を環境主体が行っている。環境とは、環境主体と環境要素間の関係であると述べたが、環境主体がいかなる活動をするかによって、物理的な環境に存在する事物の中から、環境要素として重要なもの、つまり環境主体との関係が密なものとそうでないものが選別される。それに応じて同じ環境主体に対して異なった環境が形成されるのである。

　また、空間の移動に伴って環境の構成要素が異なってくる場合も、空間的移動が環境の変化に大きな意味を持つ。たとえば、学習活動を例にとれば、教室から農園に移動した場合、教室という学習環境を構成する要素と農園という学習環境を構成する要素は大きく異なる。この場合も、環境は変化したと言うことができる。このような環境要素の変化は、環境主体の側から見れば、与えられたものであり、自分の方で自由に設定できるわけではない。空間の移動に伴って環境の構成要素が変わり、環境が変化したのである。

　すなわち、我々が、人間の空間的移動に伴ってその人間にとっての環境が変化するのは当然のように思うのは、第1に、空間的移動が環境主体の活動の変化を伴うことが多いからであり、第2に、空間移動によって環境の構成要素が変化することが多いからである（しかし、空間的移動があっても、このような変化が生じない場合もあるのだから、空間的移動が即環境の変化につながるというわけにはいかないのである）。

ただし、環境主体の活動に変化がなく、環境の構成要素も同様の場合でも、環境が変化する場合もある。たとえば、中学校を転校して同じ学習活動を続ける場合を考えよう。日本国内である限り、中学生の学習という活動に関わる環境要素に大差はないと言える。日本の教育制度にしたがって、同じ様な形をした教室・設備、同じ様な教科書が用意され、同じ様な学習内容が学ばれる。しかし、転校生は往々にして環境の変化に戸惑うものである。この場合、学校ごとに異なった学習環境が存在するということができる。

　すなわち、同じ活動が同様の環境要素のもとで行われたとしても、環境のあり方、環境主体と環境要素間の関係は同じとは限らないのである。この第3の場合は、空間的移動に伴って、環境主体と環境要素間の関係が変化する場合ということができる。

　ところで、何かが変化すると言えるためには、そこには変化せずに持続するものが必要である。すべてが変化してしまっては、いったい何が変化したのかがわからなくなる。たとえば、環境主体の活動の変化という場合、環境主体そのものは変化しない同一のものとして持続して存在しているのであり、それの活動が変化するわけである。

　すなわち、精確に言えば、変化とは変化しないものに関して何かが変化することである。このような観点から上記の第1と第2の環境の変化について、何が変化したのかをとらえ直してみよう。

　環境主体の活動の変化に伴って環境が変化したという場合、変わらないのはその活動に先在する様々な事物である。それらは、それ自体としては環境主体の活動の変化にかかわらずそれとしてありつづける。それが環境主体の活動のあり方に応じて、ある事物はその活動に強くかかわる環境要素となり、ある事物は弱くかかわる環境要素となり、あるものはほとんどかかわらない。すなわち、この場合、変化するのは、物理的には先在して

いる様々な事物と環境主体との関係のあり方である。

環境要素の変化に伴って環境が変化したという場合、変わらずに持続しているのは環境主体である。その活動も一応は同じ活動ということができるだろう。しかし、その活動においてかかわる環境要素が変化したのだから、その活動の仕方は変わることになる。当然のことながら、同じ活動をしているといっても、環境主体と環境要素の関係のあり方も変わる。

このように考えると、そして先ほどの第3の環境の変化も合わせて考えると、空間的移動に伴う環境の変化とは、結局のところ、環境主体と環境要素の関係のあり方の変化なのである。

このような事情は、空間的移動に限らない。時間的移動でも事情は同じである。時間的移動＝時間の経過によって同様の変化が生じる場合にも、環境が変化したということができる。ただし、時間的移動の場合は、上記の3つの環境の変化が絡み合いながら進行し、各々の変化が他の変化を誘発していくという性格がより強い（この絡み合いは空間的移動でも存在するが）。

たとえば、子供という環境主体に関して、環境が時間の経過にしたがってどのように変化していくかを考えてみれば事情がわかる。子供は年齢が上がるにつれて様々な活動をするようになるが（＝環境主体の活動の変化）、それと並行的して家庭や地域の様相も変わっていくし、たとえば学校へと活動の場を広げていく（＝環境要素の変化）。両者が互いに影響を与えながら、子供はより深く社会とかかわるようになっていく（＝環境主体と環境要素の関係のあり方の変化）。そして、それによって、子供はさらに多くの活動をするようになり、さらに活動の場を広げる。

こうして、人間にとって、環境は常に変化しつづける。人間は空間的に、また時間的に移動しながら、異なった環境で生きるようになり、様々な環境要素と新しい関係を結ぶようになり、活動のあり方を変えていくのであ

る。

4　集団・文化・環境

　この節では、人間は社会集団において生きているということを念頭におきながら、文化と環境の関係を考える。

　現在の日本語において、文化という言葉は狭広2つの使われ方をしている。狭い意味の文化は、学問などの高度の知識や洗練された芸術など精神のはたらきによって作りだされた高い価値のあるものということであり、たとえば「文化勲章」、「文化センター」などという時はこのような意味で使われている。対して、広い意味では、文化は、ある社会集団が共有している生活の様式やものの考え方の総体を指す。「この地域の伝統的な生活文化を見直そう」とか「文化摩擦」などという時には、この広い意味で文化という言葉が使われる。ここでは、文化を後者の広い意味で用いる。

　この広い意味で使われる場合、文化とは、その文化を共有している社会集団のメンバーの生き方、活動に見いだされる一定の型ということに他ならない。たとえば、食文化というとき、それには、どんな食材をどのように調理して食べるかということだけでなく、食事をするときに家族が一堂に会して食べるか、それとも一人ひとり別々に食べるかということとか、食事中に会話を交わすことを肯定的にとらえるか、それとも行儀が悪いこととらえるかということも含まれる。ある社会集団が独自の食文化を持っているということは、その集団のメンバーが同じ様な型・スタイルで食事という活動を行うことである。

　そもそも、集団のメンバーである時、人間の活動、もっと広く言えば人間の生き方は、一定の型にはまっていく。そのメンバーの活動が定型化さ

れることで、集団のまとまりというものが維持される。逆に言えば、活動が定型化していくことで、人間はある集団のメンバーとなっていく。この定型化を方向付けるものを「規範」と呼ぶならば、文化とは、ある社会集団の規範の総体と考えることができる。

　このような生活様式・ものの考え方の規範としての文化は、（その社会集団が持続する限り）伝承されていく。伝承による持続・安定ということがあってはじめて、様式とか型ということが言えるのであって、伝承性は文化にとって本質的な性格である。この文化の伝承性は、その集団に新しく加わる者（移住者、子供等）から見れば、文化の学習性ということになる。集団に新しく加わる者は、既に存在する文化を学んで身につけ、同様の生活様式・ものの考え方を行うようになってはじめて、その集団の一員となる。

　この文化の伝承性・学習性ということで留意すべきは次の2点である。

　第1に、社会集団は、何か特定の目的を持っていて、それの実現のために文化を伝承するわけではないということである。すなわち、文化の伝承は何かの手段ではない。文化が伝承されることで（メンバーが変わったとしても）集団の持続性が保たれるのだから、このことを文化の伝承の目的と言えなくはない。しかし、集団の（メンバーの変化にかかわらない）同一性・持続性ということの内実は、結局、文化の持続性なのであるから、文化の伝承は自己目的的なものだということになる。

　第2に、文化の中身・内実は、実は、十全に顕わに、明らかになることはないということである。もちろん、「たとえば」と言って文化の内容の一部を取り出すことはできる。しかし、この取り出しは、一部に限られるのであり、しかも現実の生活のある場面に即してでなければできない。

　我々は、ここで第1節で取り上げた記憶というものを思い出す。記憶は、過去から現在へと安定的に持続するものであるが、その持続はある明確な

目的のために行われるわけではない。記憶の持続は自己目的的なものである。また、そこで取り上げた記憶の第1の類型は、身体に埋め込まれた習慣であって、その内実を十分に意識することはできない。また、第2の類型も、その総体は潜在的な状態に留まっているのであり、その一部分だけが現在の知覚イメージとの関係で現実的な記憶イメージとして浮上する。

こう考えると、文化とは、人間の生活様式・ものの考え方についての、社会集団に共有された記憶に他ならないことがわかる。だからこそ、我々は文化に支えられて、集団の中で現在の生を生きるのである。

環境もまた、人間の活動に関する規範性をもっている。

環境という概念で物事をとらえていくことが重要なのは、そうすることで、人間の活動がそれをとりまく様々のものとの関係の中で行われていることがよく見えるようになるからである。第3節での言い方を用いるなら、環境主体の活動は、それだけで独立になされるのではなく、様々な環境要素との関係の中で行われる。環境主体の活動はこの環境要素との関係に規定されて行われるわけだから、この環境要素との関係は、環境主体の活動に対して規範性をもっているのである。

このような環境が、ある社会集団のメンバーにとって共通のものならば、この環境要素との関係の規範性もまた、そのメンバーにとって共通のものとなる。そしてまた、環境要素となるものや場所にはそれぞれに記憶が宿っている。この記憶もまた、環境を共有する社会集団のメンバーにとって共通のものとなる。

このように考えるなら、環境を文化の現実化の一形態と考えることもできるし、逆に、文化とは、環境の規範性を、より精確に言えば環境主体と環境要素との関係の規範性を、それ自体として取り出したものであると言うこともできる。

ここで確認しておくべきなのは、我々が様々な社会集団を想定でき、それぞれを区別することができるのは、それぞれの社会集団が独自の文化を持っているからだということである。より精確に言えば、我々がひとまとまりの社会集団というものを想定できるのは、一定の人数の人間が文化的な記憶を共有していると見なすことができる場合である。文化は、基本的に社会集団ごとに異なり、社会集団はそれぞれに文化が現実化した環境を持つ。

　かくして、人間はある社会集団に属し、その社会集団の生活様式・ものの考え方の規範としての文化が現実化した環境において活動する。

　しかし、第3節で確認したように、人間にとって環境は常に変化し続ける。したがって、文化もまた、基本的には安定して持続するものではありながら、変化し続ける。では、そこにおいて、人間は、どのような倫理を持つことができるか、また、持つべきか。最終節で論じることにしよう。

《注記》
　ある社会集団の文化の中身には、全体としては異なる文化をもつ複数の社会集団に、共通に見いだされる一般性をもったものもある。これを「技術」と呼ぶことにする。この技術について少し論じておく。
　中岡哲郎は「技術」を次のように定義している。「人間が何らかの目的意識的行動を取る時に、目的実現のために自覚的かつ系統的に対象または環境に適用するわざの体系。」(『社会学事典』、弘文堂)ある目的を実現するために必要な他の人間の活動との協力・連関には一定の様式・型を共有が前提される。したがって、技術もまた、集団における人間の活動の様式・型に他ならない。
　技術に特徴的なのは、技術は目的実現のための手段だということである。IT（情報技術）とは、人々が多くの情報を効率よくやりとりするための技術である。技術の修得も一定の目的のために行われる。たとえば、半導体を生産する技術をある国が取り入れるということは、それによって工業を振興し、経済力を大きくするという目的のためである。また、技術の内容は明示的に示される。近代以降の技術は、この明示の方式として、数式などの一義的に理解される表現を用いるようになった。技術の修得

につきもののマニュアルとは、技術の内容を実行の手順に従って明示したものである。
　このような特徴をもつ技術であるが、文化は、その内容のうちに技術を含み込むことができる。逆に言えば、文化のうちで、明示的に取り出すことができ、ある目的の実現のために、他の文化に移したり、他の文化から取り込んだりすることができる一般性をもつものが技術である。
　また、技術は上記のような一般性・明示性を持つ限り、いわば固定化された文化＝記憶であるが、それを取り込んだ文化全体を固定化するとは限らない。技術をどう使うかは、社会集団ごとの独自のコンテクストで決められるのであり、各々の文化のコンテクストのなかで、かえって技術という文化＝記憶の規範性のあり方は流動化されることになる。

5　移りゆくものの倫理

　倫理の意味を再確認しておこう。
　研究アプローチで述べたように、ここで考えようとしている倫理は「道徳的主体としての自己自身の組立ての流儀」である。人間が社会集団に生きる以上、どのような行為が善い・望ましく、どのような行為が悪い・望ましくないということについての道徳的な規範が存在する。人間はそれをふまえて行為し、善い生き方をしていくわけであるが、それは自分自身のあり方を変えていくことを伴う。倫理とは、道徳的規範に対して行われる、自己自身の変革という主体的な組立ての仕方に他ならない。逆の言い方をすれば、倫理とは人間の主体性の発揮の（おそらくはもっとも重要な）一形態なのである。
　したがって、倫理を考えるには、人間が発揮する主体性とはどのようなものなのかを検討しなければならない。
　第1に考えねばならないのは、もし道徳的規範が固定的で変化しないものならば、主体性の発揮といっても、結局のところ、自分が所属する社会

集団の道徳的規範にいかに自分を合わせていくか、ということになるということである。その流儀を倫理というならば、倫理は要するにハウツーにすぎないことになる。これを主体性の発揮とまでいうにはいささか抵抗がある。

すなわち、自己自身の変革としての倫理を、強い意味で人間の主体性にかかわることと言えるためには、その主体性の発揮＝自己の変革によって、道徳規範の側も変化するということが求められる。つまり、倫理が人間の主体性の発揮の一形態であるならば、倫理は、単に主体の側の変革にかかわるだけでなく、道徳規範と主体性の相互作用にかかわるものということになる。

では、道徳規範と主体性の相互作用はいかなるものであろうか。

我々は第4節で、文化を人間の生活様式・ものの考え方を定型化する社会的規範一般としてとらえた。道徳規範はこの社会的規範としての文化の一部分と考えることができる。善い・悪いという視点から生活の仕方を定型化し、どう評価するかという考え方を定型化する文化が道徳的規範である。したがって、道徳規範と主体性の相互作用を、文化と主体の活動の相互作用というより広い文脈で考えることができる。

第4節で確認されたのは、文化とは、人間の生活様式・ものの考え方についての社会集団に共有された記憶であり、記憶が宿るものや場所から構成され環境とは、文化の現実化の一形態であるということであった。

そうであるなら、環境が変化するということは、同時にその環境の環境主体にとっての文化が変化することでもあると考えることができる。よって、文化と主体の活動の相互作用という問題を、第3節で考えた人間の移動に伴う環境の変化の議論をもとに考えることにしよう。

第3節の環境の変化の議論から明らかになったのは、人間の（空間的・時間的）移動にともなう環境の変化とは、環境主体と環境要素の関係のあ

り方の変化のことであるということ、そして、環境主体にとって環境が変化するのは、環境要素の変化による場合だけではなく、環境主体の活動の変化による場合もあるということであった。

　（空間的・時間的）移動自体を主体性の発揮ととらえるならば、前者の環境要素の変化による場合も、人間の主体性の発揮による環境の変化と言うことができる。この場合は、移動に伴う新しい環境要素の選択によって、新たな環境が構成されることになる。

　しかし、特に、後者の環境主体の活動の変化による場合において、人間の活動と環境の相互規定ということが浮かび上がる。すなわち、人間の活動は、活動のあり方に応じて環境要素との関係のあり方を変えることで環境を変化させる。この場合、物理的な意味では環境要素は変化しなくても、それとの関係のあり方が変わることによって、その環境の様々な構成要素の環境主体にとっての意味が変化する。人間が活動するということは、人間の主体性の発揮に他ならない。すなわち、人間の活動がそれが行われる環境に規定される一方で、人間は主体性を発揮して、環境を構成するものや場所の意味を新しいものにしていくのである。

　しかし、環境の変化を文化の変化とまで言うためには、新しい環境構成、環境を構成するものや場所の新たな意味が安定し、その環境の環境主体にとって規範性をもたなければならない。その環境の変化によって新たな記憶が形成され、その記憶が環境主体が属する社会集団に共有され、活動の定型化の規範とならなければばならない。

　ここで、記憶の形成ということを中心に、記憶についてもう一度考え直してみよう。

　第1節で、ベルクソンの「知覚とわけることのできない記憶が、現在の中に過去を挿入し、また持続の多様な瞬間を1つの直観に収縮させる」という記述を参考に、現在における認識としての知覚の側から、いつも知覚

の場面に控えている記憶のはたらきを考えた。記憶は知覚の場面に過去が入り込む条件をなし、知覚と記憶とを一度に把握させて、認識を構成する。

これを、記憶の側から考えたらどうであろう。記憶はいつも知覚の場面に控えていて、新たな知覚が成立するときには常にそれと一度に把握される。この知覚＋記憶の把握、ベルクソンの言う「１つの直観」を新たな記憶の形成と考えることはできないだろうか。この新たな記憶は、形成されるのと同時に、これまでの認識の総体、すなわち記憶の総体としての「持続」に、それに含まれる「瞬間」として組み込まれていく。

こう考えるならば、新しい環境構成、環境を構成するものや場所の新たな意味という新たな知覚が環境主体に認識されるたびに、環境主体にとって、常に新たな記憶が形成されていると考えることができる。この新たな記憶は、少なくとも当の環境主体にとっては活動の新たな定型化を方向付ける。

この当の環境主体が既に一定の社会集団であるなら、それに共有された記憶は既に定型化の規範である。さらに、人間が集団の中で生きる存在である限り、当の環境主体の活動は他の社会集団の活動と連関を有するから、この記憶は、この連関を通して、社会集団のメンバーの活動を定型化する規範のはたらきをすることになる。

すなわち、人間は、主体性を発揮することで環境を変化させ、それによって集団の記憶としての文化を変化させていくのである。

人間の活動はある具体的環境において行われる。この具体的環境は道徳規範も含む社会的規範の総体としての文化の具体的一形態であり、集団的記憶の具体的一表現である。人間はそこで活動することで、具体的に環境を変化させ、記憶を更新し、文化を変化させる。この環境＝記憶＝文化と人間の主体性の相互作用は常に続いていく。人間の主体的活動は、全くのゼロからの創造ではないが、環境＝記憶＝文化に100％規定されたもので

もない。まさに相互作用に他ならない。相互作用の中で、人間の主体的活動も環境＝記憶＝文化も変化し続ける。相互作用のあり方も変わり続ける。

では、道徳規範と人間の主体性の相互作用の「組立ての流儀」としての倫理はいかなるものであるべきか。

ひとまず、倫理は、この相互作用を持続させるものであるべきだと言うことができる。これまでの考察からわかるように、環境＝記憶＝文化は人間の活動によって変化し続ける、移りゆくものである。人間の活動も変化し、移りゆく。この移りゆきを妨げるような倫理、すなわち、既在の環境＝記憶＝文化にただ自分を合わせようとする「流儀」、あるいは既在の環境＝記憶＝文化を全く無視することで自分の主体性を確保しようとする「流儀」は、道徳規範と人間の主体性の相互作用を停止させる。すなわち、倫理が成立する場面を自ら閉ざしてしまう。

あるべき倫理は、この相互作用が停止しないように、持続していくように、相互作用を組み立てていく「流儀」である。既在の環境＝記憶＝文化、既在の道徳規範の流れに乗りつつも、その流れを新たなものへと変えていく。新しさを加えていくことで、定型化が固定されないようにしていく。倫理は規範をふまえて規範を超えていく。これこそが、移りゆくものとしての人間に求められる倫理なのである。

この倫理は1つではない。各々が置かれている具体的な環境に応じて多様な「流儀」が可能である。多様な倫理の存在によって相互作用の停止を免れる可能性はさらに高まる。自分の倫理と他者の倫理の差異を肯定すること、これが移りゆくものの倫理を考察する際に求められる態度である。

● 研究課題 ●

各節に対応する5つの研究課題を挙げておく。各節の議論をさらに深めるも

のと、各節で論じ残した問題を考えるものがあるが、この本の他の章の議論を参考にして、自分なりの考察をしてみよう。

１．人間はなぜ経験を忘却するのかを考えよう。
　　記憶は忘却を前提とする。なぜ、人間はひとまず過去の経験を忘却するのか。忘却しなければどうなるのかということから考えてみよう。

２．身近にある様々なモニュメントについて、それがどのような社会集団のどのような記憶を宿らせているものなのかを考えよう。
　　モニュメントは、ある社会集団の歴史の連続性とアイデンティティを確保するために作られるものである。その具体例を探してみよう。

３．ものの移動によって環境がどのように変化するかを考えよう。
　　本文では環境主体の移動について考えた。環境の構成要素も移動する。その場合、環境主体と環境要素の関係はどう変化するのかを考えよう。

４．我々は、どのような場合に、自分の文化はどのようなものなのかを　問うことになるのかを考えよう。
　　我々は通常、自分がそこに生きている文化を意識しない。文化を意識することになるのはどのような状況におかれた時かを考えてみよう。

５．今の自分にとっての倫理はどのようなものであるべきかを考えよう。
　　道徳規範と人間の主体性の相互作用が持続するようにする「流儀」は一人ひとりのおかれている状況に応じて多様である。自分の「流儀」を探求しよう。

【文献案内】
　網羅的な文献紹介はできないので、本章の記述に何かしらの興味を持たれた方がさらに読書をすすめるための手がかりを、アトランダムに紹介する。
　フーコーが倫理主体の問題を主題的に取り上げたのは晩年の『快楽の活用　性の歴史Ⅱ』(田村俶訳、新潮社、1986) になってからである。しかし、『狂気の歴史』(田村俶

訳、新潮社、1975)、『言葉と物』(渡辺一民・佐々木明訳、新潮社、1974)、『監獄の誕生』(田村俶訳、新潮社、1977)といった著作は、ヨーロッパ文化の深層を発掘する仕事として大きな価値をもち、その方法論(フーコー自身に『知の考古学』(中村雄二郎訳、河出書房新社、1970)がある)も様々な分野に大きな影響を与えている。

　記憶に関する代表的哲学書であるベルクソン『物質と記憶』には田島節夫訳(白水社ベルクソン全集2、1965)と岡部聰夫訳(駿河台出版社、1995)の2種の日本語訳がある。ベルクソン哲学の理解には檜垣立哉『ベルクソンの哲学　生成する実在の肯定』(勁草書房、2000)が参考になる。(本論のベルクソン理解も同書にしたがうところが多い。)

　プルースト『失われた時を求めて』には何種類かの日本語訳があるが、本文での引用は井上究一郎訳(筑摩書房、プルースト全集1、1984)を用いた。

　記憶をダイナミックなシステムとしてとらえ、その構築するはたらきを具体的な事象にそって論じたものに、港千尋『記憶「創造」と「想起」の力』(講談社　選書メチエ93、1996)がある。集団の記憶の形成について、過去の出来事や人物を記念ないし顕彰する行為から論じたものに、阿部安成他編『記憶のかたち　コメモレイションの文化史』(柏書房、1999)がある。また、記憶の到来を、集団的な記憶としての「物語」を突き破る「出来事」の唯一無比性との結びつけて考えたものに、岡真理『記憶／物語』(岩波書店　思考のフロンティア、2000)がある。特に最後のものは、記憶の本論で取り上げたものとは異なった一面を理解するのに役立つ。

　文化については星の数ほどの文献があるが、哲学的かつ動的なアプローチということで(少し前のものだが)坂部恵他『文化のダイナミックス』(岩波書店　新岩波講座哲学12、1986)をすすめる。ここからさらに様々な分野の文献を知ることができる。

> **コラム**
>
> ## 都市と倫理学
>
> 　倫理学の考察対象である社会集団として、都市は古代以来特権的な地位を占めてきた。ヨーロッパ古代においても中国古代においても、さらにはヨーロッパ中世の自由都市をめぐる議論においても、都市社会の構造や都市の構成員のふるまいのあり方が、倫理学的考察の主要な対象になっていた。しかし、近代以降、倫理学および社会哲学の議論の主たる対象は国家に移り、都市については、社会学等によって機能面から分析されるか、あるいは文化論的に語られることが主となった。しかし、現代においては、国家という枠組みがゆるみ、都市はグローバルな物的・人的・情報的交流の拠点として存在している。そして何より、先進資本主義国においては人口のほとんどの部分が都市に居住することを考えれば、現代においてこそ「都市の倫理学」とでもいうべきものが構築される必要があるというべきであろう。

第2章

モノの流れからみる環境問題

研究アプローチ

　1987年に「環境と開発に関する世界委員会（World Committee of Environment and Development）」から、「将来世代の人々が自分たちのニーズを満たす能力を損なわない範囲で、現世代のニーズを満たすような発展」と定義される「持続可能な発展（Sustainable Development）」という考え方が提唱された。この考え方の中には、〈人類の現世代および将来世代のニーズを満たすためには地球の物資（環境）が無限でなく〉また〈人類の生存基盤こそがかけがいのない地球環境なのである〉ということが認識されるべきだという主張が含まれている。このような背景から、今日では効率的にモノ（物資）を利用すること、つまり利用する物資を減量化し、循環的に物資を利用することが持続性の高い社会に向かうための重要課題と考えられるようになっている。

　確かに、我々が生活している社会は、「物質文明」と呼ばれるように、モノやエネルギーを多用し、捨てることで成り立っている大量消費、大量廃棄の社会なのである。「このままではいけない、どうにかしなければ地球が危ない」という危機感から「持続可能な発展」が提唱されたのである。たとえば、わが国は年間約19.5億t、1人当たり約16t／年のモノを使っている（環境白書平成11年版）。このモノの使用量には、取引される鉱石や木材を得るために捨てられる不用鉱物、間伐材の37.7億tは含まれない（これを「隠れた物質フロー（hidden flows）」という）。使われるモノの50％弱はセメントや砂利などの重量の大きいものであるが、それを除いた量の50％以上に当る7.7億t／年は海外に依存している。投入された資源は、建築物などとして蓄積される分もあるが、捨てられる分も少なくない。わが国では、再利用分は投入の10％程度に過ぎず、約4.6億tが廃棄物として

排出されている。

　このようなモノの使い方・捨て方（大量消費、大量廃棄）が、水質汚濁、地下水汚染、温暖化、酸性雨、森林破壊などの環境問題に深く関与し、持続的ではないということ、またこれが人類の生存基盤に脅威を与えつつあることに異論を唱える人は、今日ではほとんどいないだろう。持続性の高いモノの利用を望むことは当然の成り行きであり、その具体的なかたちを明らかにすることは非常に重要な課題なのである。

　それでは、その持続的なモノの利用とは具体的にはどのようなことなのか？　私たちはまずそこから学ばねばならない。便利さや軽量化が直接、これと結びつくとは限らないからである。そこもしっかり見極めなければいけないのだ。ここで1つ例を出してみるから考えてみよう。工業製品はコンパクト化により無駄なモノの使用を減らす方向に発展しているようにも見える。かつて音楽を再生するのには直径30cmもあるレコードと家具に相当する大きさの箱が必要であった。しかし現在では掌にのるほど軽量小型のプレーヤーでそれを実現している。コンピューターの小型化も同じ。だが果たしてこれが、持続的なモノ利用への転換を示しているのであろうか。

　このようなことを具体的に理解し、体系化するために学問的なアプローチも試みられている。製品・サービスの生産〜消費・廃棄までの全段階に、投入・廃棄される物質やエネルギーの種類と量を分析するライフサイクル分析や廃棄物「ゼロ」の生産活動をめざす「ゼロエミッション」などの手法・概念がそれである。また、同じ量のモノやエネルギーを使用して、10倍の機能を得ようとする「ファクター10」のような考え方も登場して久しい。これらは主に工業製品のモノ使いの効率化を目指そうとするものである。しかしその延長線上には人間活動間や環境と人間活動の間の物質やエネルギーのやり取りの実態や変遷を検討することで、資源利用の効率や環

境への影響を定量的に理解し、改善すべき点を明らかにするというアプローチが必ずや必要になってくると思う。

　この章では、このモノのやり取り・モノの流れに着目して、その本質・原理やモノの使い方・移動の実態と変容を整理し、我々の活動と環境との関係をどのようにとらえ、持続性に向かって何をすべきかを考えてみよう。

はじめに

　アラビア半島の南東端に、東北西の三方を沙漠に囲まれ南でインド洋に接する南北約30km、東西約100kmの森林域、ドファール地方がある。6月〜9月のモンスーン期（カリーフ）を迎えると、ドファール地方は緑と咲き乱れる花々で覆われる。しかし、カリーフが過ぎると辺りは次第に色を失い、枯れた景色へと変わっていく。この森林の成立には、南のインド洋から吹きつけるカリーフの湿った空気とこれを受け止める標高1,000mの山岳の存在が不可欠である。そして、森林の存在は湿った空気（霧）の捕獲を通して、当地の生物生態系の維持に非常に重要な役割を果たしている。カリーフの緑は尾根まで続くが、尾根を越えると環境は一変し、そこは熱風が吹きつける高温乾燥の広大なルブ・アル・ハリ沙漠への入り口となる。

　森林が分布する山岳部では、ベドウィンの遊牧とは異なる村からの通いによるウシ、ヤギ、ラクダの放牧が昔から盛んである。面白いことに、これらの家畜の伝統的な餌は山岳部の草と南の海で取れる干し魚である（Kobayashi, 2001）。ここの牧畜は、南の海から運ばれる湿気で育つ草と海の資源そのものに支えられているのである。インド洋からもたらされる水気（霧、雨）は、地表を潤して地下水となり、再び海に流出していく。

草や魚は肉やミルクとなり、土を肥えさせ、最終的には分解されてその養分が海に流れ出て、魚の餌の元となっている。このように水や資源（物資）はグルグルと回り回って、生物の生存を支える自然界の物質（モノ）の流れをかたち造っている。

　近代的な生活を営むわれわれも物質（モノ）の流れに支えられている。ただし、日本の多くの家庭で使う水は、上水道という人工施設の末端にある蛇口から毎日供給され、毎日下水道に排水されている。我々は、当たり前のように、ハンバーガーショップで南米産の牛肉を食べ、ペットボトルの中国産のお茶を飲んでいる。現代の日本人の生活は、自然界の資源を世界各地から調達し、不用物を狭い国土の自然界へ排出することを前提とした社会システム、社会基盤（インフラストラクチャー）の上の水、食物、エネルギーの利用により成り立っていると言えるだろう。

　日本社会におけるモノの流れは、自然界とのつながりが分かるドファール地方の放牧をめぐるモノの流れと大分異なっているように見える。このようなモノの流れの違いは、今日の環境問題と何の接点ももたないのだろうか。実は、密接に関係しているのである。多くの環境問題の根本原因は自然界と人間社会の物質の流れに関するミスマッチと見なしてもよい。本来ならば、地球環境の中でのみ成立が許される人間社会そのもののモノの流れは、地球上の自然生態系を維持するために不可欠な自然界のモノの流れと整合する必要があるはずである。持続性の高い社会への道筋を検討するためには、また環境と人間の関係を認識するためには、自然界・人間社会におけるモノの流れを、具体的に理解することが大切なのである。

1 環境と物質循環

(1) 地球進化の産物としての環境

　地球は、火星や金星と同時期の約46億年前に形成されたと考えられている。ところが、その大気組成は火星や金星と著しく異なっている。火星と金星の大気は炭酸ガス（95％以上）と窒素（3％程度）を主とするが、地球の大気は78％の窒素、21％の酸素とその他1％からなる。地球だけが酸素を多量に含んだ大気を持っているのである。地球の歴史を大急ぎでたどると、この大気は次のようなドラマによって形成されたと考えられている。

　まず、火山活動、小さな星の衝突などに伴う脱ガスや外部元素の取り込みで高温の原始大気が形成される。地球の温度が下がるにつれて、水蒸気が水になり、地球は海を持つようになる。この頃の大気は火星や金星と同様に炭酸ガスを主成分にしていた。海ができるとその中で生命体が発生した。これより地球上の生物は長い進化の道を歩み始めることになる。生物は炭素を取り込むので、これより生物が絡む炭素の流れ（循環）が始まった。およそ35億年前、生物の中で光合成（炭酸同化）を行うものが登場する。地球大気に含まれていた炭酸ガスは、この光合成をする生物（植物）に取り込まれ、代わりに酸素が放出されるようになる。

　植物の増加に伴って、しばらくは炭酸ガスの吸収、酸素の放出が続くが、これだけでは大気中に酸素が蓄積することはなかった。確かに植物は酸素を生産した。しかし、植物が多くなると死ぬ植物体と新たに形成される植物体がバランスするようになる。死んだ植物体（有機炭素）は酸化分解して炭酸ガスを放出するので、大気中に酸素は蓄積しない。では、どのような仕組みで、大気中に酸素が蓄積したのだろう。1つは、死んだ植物体

(有機炭素)が分解しなかったことによる。光合成で形成された植物体の遺骸が、海底堆積物として海底に埋没すれば、一度吸収された炭素は放出されずに地球に封じ込められてしまうことになる。実際、堆積岩中には平均3％程度の炭素が含まれている。これで、次々と炭酸ガスが吸収され、酸素が放出され続けるようになる。酸素蓄積において、もう1つ重要なプロセスがある。それは、光合成で作られた有機炭素を使うことで、黄鉄鉱(FeS_2)が生成されるプロセスである。このプロセスには硫酸還元バクテリアが関与し、次のような反応で、光合成により放出された酸素を使わず有機炭素が分解され、黄鉄鉱が沈殿したと考えられている。これは、微生物が関与する炭素(C)－酸素(O)－鉄(Fe)－イオウ(S)のモノの流れ(物質循環系)の形成として理解される。

$$15CH_2O + 2Fe_2O_3 + 16Ca^{2+} + 16HCO_3^- + 8SO_4^{2-}$$
$$\rightarrow FeS_2 + 16CaCO_3 + 15H_2O + 15CO_2$$

炭酸ガスの海の生物への取り込みが進むと、余剰の酸素が大気中に放出されるようになる。そして、大気中の酸素濃度の増加とともにオゾン層が形成される。オゾン層の形成とともに、地表に到達する有害紫外線が減少し、陸上での生物活動が可能となる。その後のさまざまな事件は省略するが、このようにして大気中の炭酸ガスは次第に大気から除かれ、今日のような窒素78％、酸素21％、その他1％の大気ができあがることになる(図2-1)。

こうして、地球表面は酸素が大量に存在する酸化的環境へ変化し、植物による炭素の固定、土壌への有機物の蓄積や微生物による分解、動物の呼吸や有機物の酸化分解などを可能とする自然環境が成立したのである。呼吸し、燃焼させて煮炊き・暖を取るように、われわれの生命や社会活動のほとんどが、「燃やす」(酸化)ことで成立していることに気づいてほしい。

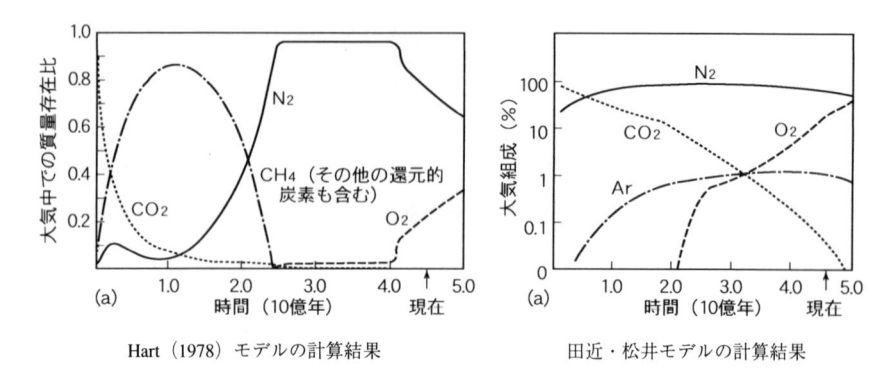

図2-1　大気組成の変化
（両図とも松井孝典：地球システムの安定、岩波講座「地球惑星科学2地球システム科学」、1996の再掲）

活発に酸化が進む今日の環境は、まさに地球におけるモノの移ろいとモノの循環形成の結果であり、その過程は長い歴史の記憶として理解されなければならない。

(2) 2つの物質循環

　埋没、堆積して地表の物質循環から除かれた有機炭素も、火山活動や造山運動により、非常に長い時間をかけると再び地表の物質循環に登場することができる。このような地球内部の活動に基づく物質循環は「地質学的物質循環」と呼ばれる。これに対して、主に太陽エネルギーがその源となっている物質循環を「生物地球化学的物質循環」という。光合成、生物の呼吸、微生物による分解、蒸発・降雨の水循環などに関係する炭素循環や窒素循環は、すべてこの「生物地球化学的物質循環」に属している。「地質学的物質循環」の時間スケールは非常に長く、数10万年～数千万年あるいは1億年を超えるスケールである（長い循環）。対して、「生物地球化学的物質循環」の時間スケールは、深層水によって運ばれる有機物のようにその分解に数100年～2000年を要すものもあるが、地球がエネルギー源

表2-1 金属の生産量と埋蔵量 (1990年)

金属	生産量 (1000t)	世界埋蔵量 (1000t)	世界埋蔵量 耐久指数(年)
アルミニウム	109,118	21,800,000	200
銅	8,814	321,000	36
鉛	3,367	70,000	21
ニッケル	937	48,988	52
錫	216	5,920	27
亜鉛	7,325	144,000	20
鉄鉱石	864,370	151,000,000	175

出典:世界資源研究所編「世界の資源と環境1992-1993」

の太陽を周回することから1年を最も基本的な時間スケールとしている(短い循環)。

さて、石油エネルギー、鉄、セメントを使う今日の人間社会は、この2つの物質循環とどのように関わっているのであろうか? 表2-1は、代表的な金属の世界全体の生産量と埋蔵量を示している。表2-1の埋蔵耐久指数とは、埋蔵量を年間消費量で割った残存可採年数を表している。これらの金属は、数10年〜数百年の時間スケールで、「地質学的物質循環」から次々と地表に汲み上げられていると言える。

当然のことであるが、ここに挙げた金属は数10万年〜数千万年の時間スケールに対応する'長い循環'により形成された物質である。そして、これらを使う人間は'短い循環'に乗る生物である。石油、天然ガスの消費も構図は全く同じである。要するに、人間社会の活動は2つの循環の双方に関わりながら、'長い循環'を'短い循環'に短絡させているのである。この短絡が'短い循環'の大きさに比較して無視できるほど小さいのであれば、地球環境問題はおそらく発生しない。産業革命以前が、その状態に該当していたと言えるだろう。また短絡があったとしても、それを相殺する循環経路を用意できれば問題はない。しかし、今日の短絡はとても

無視できる大きさではなく、不幸なことに人間社会は依然として汲み上げられた'長い循環'の物質の循環経路を整えていない。そればかりか、その循環経路の創造自体を考えてさえいない。そのしわ寄せが、たとえば大気中のCO_2濃度の上昇である。これからの持続的な世界を考えるとき、このようなモノの流れの本質を知り、合理的なモノの利用とは何かを理解することは非常に重要なことなのである。

2 人と社会が消費するモノ

(1) 人間が消費するモノ

　ヒトが空気を吸い、水・食物を取り入れ、息を吐き、汗・排泄物を排出するように、あるいは植物細胞が水・炭酸ガスを取り込んで酸素を排出するように、個々の生物や細胞は、使えるモノを取り入れ、不用なモノを捨てることで、その活動を維持している。たとえば、ヒトは体重1kg当たりで1日に40kcal以上摂取しないと生存できない。このことは、経済的に豊かでない国の1人1日当たり供給食料カロリーも2,000kcalを下回ることがないことからも理解できる（図2-2）。

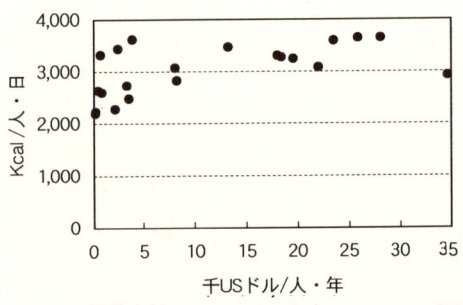

図2-2　供給食料カロリーと1人当たりGDPの関係
（1994、FAO統計データ）

目を開けて寝ているときのエネルギー消費を基礎代謝といい、日本人のそれは成人男子で1,300～1,600kcal／日、成人女子で1,100～1,200kcal／日である。実際には何もしないでいても、考えたり、肩に力を入れたりするので、この1.15～1.25倍のエネルギーを使っている。これを安静時代謝量という。立ったり、食べたり、歩いたり、走ったりするためには、さらにエネルギーが必要で、これを運動時代謝量という。こうして、日本人は概ね2,400kcal／日のエネルギーが必要となり、これを様々な食物から摂取する。その摂取量は年間で220kg／人程度、1日当たり約600g／人となる。

　同様に、1人1日当たりの水の出入り（水分出納という）は、食物1,150ml、飲み物1,000mlの計2,150mlの摂取と尿1,500ml、ふん100ml、汗500ml、呼吸400mlの計2,500mlの排出となる。摂取量と排出量に差があるのは、体内で他の栄養素が酸化されて約350mlの酸化水が生成されているためである。さらに、ヒトの生存には酸素が必要である。空気1m^3には約275gの酸素が含まれる。吐き出す息の組成は酸素17％、窒素79％、炭酸ガス・水蒸気4％で、その1m^3の酸素量は約225gである。この差である1m^3当たり50gが呼吸により体内に取り込まれる。酸素1.0ℓ(1.35g)で糖質や炭水化物を酸化すると約5kcalの熱量が得られるので、2,400kcalの1日代謝量を得るためには2,400kcal／5kcal×1.35g＝約650gの酸素を必要とする。したがって、ヒトは650g／50g（1m^3当たり消費酸素量）＝約13m^3／日の空気を吸っていることになる。

　今後何が起ころうとも、ヒトの生存には、このようなモノの取り入れと排出が続く。このことが、記憶以上に継承しつづける動物としてのヒトの特性であり、実は環境問題の根源的な部分でもある。人間の活動自体が、人間（生物）の生存に不可欠な安全で安定した食料や水の摂取を、さらに吸気する空気さえも脅かしつつあることと今日の環境問題を切り離して考えることはできないのである。

(2) 人間社会を流れるモノとエネルギー

　国や地域による摂取カロリーの差は、図2-2に示すように大きくはない。しかし、消費する食料の品目構成は、国によって著しく異なる。図2-3は、いくつかの国の主要品目別1人当たり供給量を示している。国により消費食料の品目構成に大きな違いのあることが分かるだろう。この品目構成の相違は、ライフスタイルの違いにもよるが、経済的な豊かさとも関係している。図2-4の中国における1980年から1998年の動物産品による1人1日当たり摂取カロリーと1人当たりGDPの変化から分かるように、一般的には経済的に豊かになればなるほど肉類の消費が増加する。

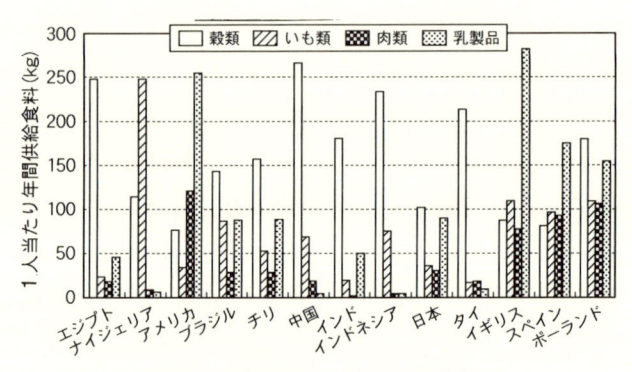

図2-3　主要品目別1人当たり供給食料
（1984-1986年の平均、FAO統計データ）

　食料が店先に並ぶまでには、生産〜流通の各段階で資源・エネルギーが投入されている。食料の種類によってその投入量に差があり、一般的に動物性食料は植物性食料の数倍のエネルギー投入を必要とする。図2-5に示すように、米の1,000kcalが910kcalのエネルギー投入で生産されるのに対して、牛肉（和牛）の1,000kcalは8,050kcalのエネルギーを投入して生産される。仮に1日に必要なカロリーをすべて牛肉で摂ると、エネルギー消費

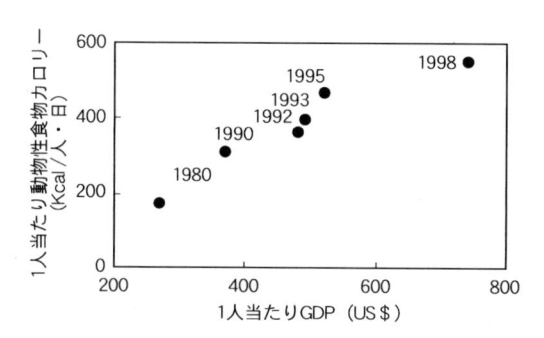

第2章 モノの流れからみる環境問題　51

図2-4　中国の動物産品による1人当たり供給食料カロリー
（FAO統計データ）

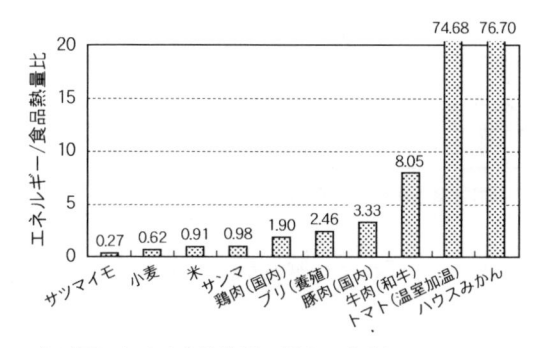

図2-5　わが国における食品熱量に対する生産投入エネルギーの割合
（資源協会、1994）

の観点からは米だけで生存する人の約9人分を、サツマイモだけで生存する人の約30人分を食べたことになる。図2-5では、トマト（温室加温）などの施設園芸による食料のエネルギー／食品熱量比が特に大きいことに注意していただきたい。

　資源・エネルギー消費の違いは、個人が食べる食物だけではない。図2-6は、中国甘粛省の農耕を主とする農家と牧畜農家の生活・生産に投入される物質量と農畜産物の生産量である。20t／年の物質投入で約4t／年の農畜産物を生産する「耕す農業」と3t／年の畜産物生産に200t／年以上

「耕す農業」の村（積石山県太敦村）　　　　　　　　単位：kg/年

インプットの種類	投入量合計	供給元 自給	供給元 周辺環境	供給元 地域外
肥料・堆きゅう肥	9,272	9,072		200
食料	2,783	2,783		
燃料	3,372	2,642		730
飼料	4,337	2,356	1,981	
計	19,764	16,853	1,981	930

→ 農畜産物 4,060

「牧畜」の村（粛南県大河区）

インプットの種類	投入量合計	供給元 自給	供給元 周辺環境	供給元 地域外
肥料・堆きゅう肥	0			
食料	1,550	375		1,175
燃料	13,500	5,500	3,000	5,000
飼料	200,850		200,100	750
計	215,900	5,875	203,100	6,925

→ 畜産物 3,225

図2-6　中国甘粛省農村部の農家をめぐる物質フロー（小林、1997；1999）

の物質投入を必要とする「牧畜」がいかに、資源・エネルギーの使い方において異なっているかが分かると思う。また、モノの使い方は環境との付き合い方とも密接に関係している。図2-6に示すように「耕す農業」が資源を主に自給している一方で、「牧畜」は「周辺環境」からの調達を主としている。ここでいう「周辺環境」とは放牧地のことで、「牧畜」農家では400ha〜800ha／農家の放牧地を季節に応じて移動しながら使っている。

　ところで、これらの中国の農家と日本の家庭はどのように違うのであろうか。ここでは、ヒトの摂取カロリーと同じようにエネルギーに換算した比較を行ってみる。表2-2は、中国の農家の生活エネルギー消費を試算した結果である。このデータは、年平均気温が5℃という標高約2,000mの冷涼な気候下で農業を営む農家のもので、暖房に使うエネルギーが大きいことを特徴としている。一方、日本に関しては表2-3のようなモデル家庭

表2-2 中国甘粛省積石山県の農家における消費生活エネルギー

郷	村	エネルギーの種類	使用量 kg/年	エネルギー消費量 Mcal/年	Mcal/人·年
大河家郷	太敦村（標高＝2,000m）【世帯人員】9	作物残さ 石炭 薪（補助的）	2,642 730 0	9,643 4,234 0	
		計		13,877	1,542
	梅坂村（標高＝1,950m）【世帯人員】9	作物残さ 石炭 薪	183 840 1,440	666 4,872 7,142	
		計		12,681	1,409
四堡子郷	陳家村（標高＝1,800m）【世帯人員】6	残さ 石炭 薪	200 450 1,907	730 2,610 9,457	
		計		12,797	2,133
胡林家郷	高関村（標高＝2,200m）【世帯人員】9	作物残さ 石炭 薪	1,100 1,750 660	4,015 10,150 3,274	
		計		17,439	1,938

（4人家族）で消費される直接エネルギーの試算値が参考になる。表2-2と表2-3を比較して分かるように、日本と中国では消費するエネルギー・燃料の種類が全く異なっている。1人当たりの年間エネルギー消費は、中国の農家が1.4Gcal～2.1Gcal／人・年、日本が7.2Gcal／人・年となり、日本の家庭の方が約4倍多くのエネルギーを消費していることになる。

さらに、中国と日本の国全体の比較もしてみよう。1990年の中国と日本の総エネルギー消費は、それぞれ6.91×10^{18}cal（Pcal）、3.14×10^{18}cal（Pcal）で、両国の産業部門、民生部門と運輸部門のエネルギー消費構成は図2-7のようになる。中国のエネルギー消費は、日本に比較して運輸部門が小さく、産業部門が大きい。民生部門のエネルギー消費は、中国21％、日本25％である。このように、資源・エネルギーの使い方は、国や活動によって、

表2-3 日本のモデル家庭(4人)における年間消費エネルギー (Mcal)

住生活	電気機器(エアコン等)	9,489
	ガス器具(風呂等)	5,918
	石油機器	1,320
	自動車	7,060
食生活	電気機器(冷蔵庫等)	2,209
	ガス器具(コンロ等)	1,023
衣生活	電気機器(洗濯機等)	406
情 報 機 器		1,201
計		28,626
Mcal/人・年		7,156

(資源協会編、1994)

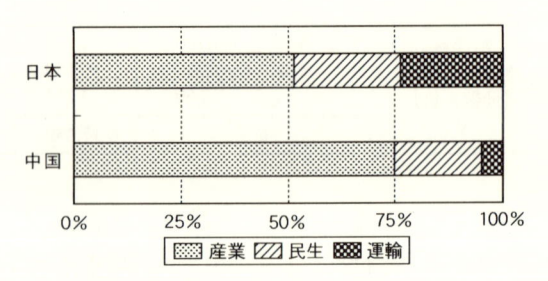

図2-7 日本と中国の部門別(産業、民生、運輸)エネルギー消費構成

社会の形、経済規模・水準によって、大きく異なることが一般的である。

本節の最後に先進国の中で、日本がどのようなモノの使い方をしているかを見ておきたい。図2-8は1991年の日本、ドイツ、オランダ、アメリカの1人当たり年間物質投入を示している (World Resources Institute, 1997)。日本の資源直接投入量 (DMI: Direct Material Input) は、17t／人・年で4か国の中で最も小さく、オランダの半分以下である。隠れたフローを含めた総物質需要量 (TMR: Total Material Requirement) も他の国が80t／人・年以上であるのに対して、わずか46t／人・年でしかない。中国に比較す

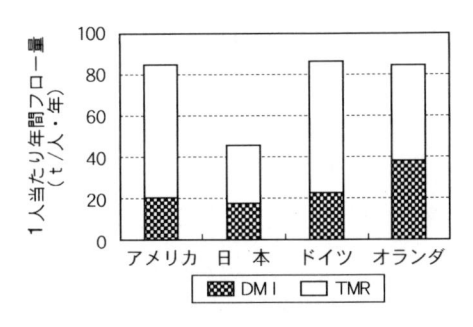

図2-8 各国の1人当たり年間物質投入

ると驚くほど大きい日本のモノの消費も、このように、ドイツ、オランダ、アメリカに比較すれば、まだつつましいと言えなくもない。ただし、どの国においても1人で年間に数10tを使っている先進国が、基本的に大量消費（mass consumption）、大量廃棄（mass disposal）によって維持されていることに変わりはない。

3 資源利用の記憶と変遷

　農林業は、選択・改良された作物、家畜や樹木の利用を基本として、自然環境からの資源獲得を大きくする方向に発展してきた生産体系である。選択・改良された作物は収穫までに、耕起、播種、施肥、除草、防虫、水管理などの諸作業を通して、何らかの資源（ことにエネルギー）投入を必要とする。たとえば、生産性が高いと言われる農業の1つとして日本の米作を例にとると、米1kgの生産に光熱動力として約4MJの直接エネルギー投入が、施設整備、農機具生産、農薬・肥料製造までを含めたライフサイクルにわたるエネルギー投入を含めると14MJ弱が投入されている。米

のエネルギー含有量（熱量）が約15MJ（3,500kcal）／kgであるから、日本における米作は図2-5に示したように生産するエネルギーの0.91倍のエネルギー消費を必要とする生産システムと言える。

通常、農林業は発展するとともに、面積当たりの生産性（土地生産性）や時間当たりの生産性（労働生産性）を増加させる。こうした変化は、面積当たり資源（エネルギー）投入の増大と産出／投入資源（エネルギー）比の低下を伴うことが一般的である。このような宿命にある農林業とそれを生業とする農村は、資源利用においてどのような変遷をたどってきたのであろうか。ここでは、わが国の林野利用を例としてその概要を眺めてみることにする。

わが国では、縄文期にはすでに焼畑を中心とする農耕が開始され、焼き払うことによる森林の農地化が進んでいたと考えられている（佐々木、1971）。焼畑（移動畑）から常畑への変化により、農耕地と林地は分離されることになる。常畑になると、肥料の投入が必要となり、日本では古くから、木の葉や山野草などを森林から採取し、肥料として利用していた。一般的には、条件のあまりよくない焼畑跡地が、肥料採集に利用される森林へ移り変わっていき、耕地とこれに密接に関連する森林（農用林）を組み合わせた農業環境ができたと言われている（佐々木、1982）。

農用林としての林野利用には、堆肥原料としての落葉採取、家畜飼料としての下草刈り、苅敷材料としての若草・若枝刈り、用材としての資材採取があった。武蔵野の平地林の利用形態を調査した犬井（1982）によれば、林地からの採取物として、表2-4に示すように、落葉、材木、薪、木炭、その他（カヤ、きのこ類）がリストアップされている。

このうち、林地からの採取物である薪・柴は"たきぎ"として、1960年代までわが国の農家における基幹エネルギーであった（図2-9）。昭和25年度の農山村では年間燃料消費のうち65％が林産物である木炭、まき、え

表2-4 三芳村における林産物 (犬井、1982)

林産物	数　量	生　産　額	
		実　数	割　合
落　　　葉	183,400貫	2,934円	48.7％
材　　　木	220〆	1,540円	25.6％
薪	100棚	600円	10.0％
木　　　炭	―	―	―
そ　の　他	…	950円	15.8％
合　　　計		6,024円	100.0％

埼玉県入間郡役所（1912）により作成

だ、落葉によって占められ、これに、わら、もみがらなど農業副産物を加えた自給的燃料の全燃料に対する比率は93％にも及んでいたとされる（紙野、1960「家庭燃料について（資源調査会）」）。こうした事実は、ほんの40年程前までの日本の生活エネルギーの資源構成が、表2-2に示す中国甘粛省の農家のそれと大差がなかったことを示している。

1950年代頃までは、原則的にこのような林野利用が継承されていた。しかし、高度経済成長が始まる1960年代以降、農業と農村生活面での近代

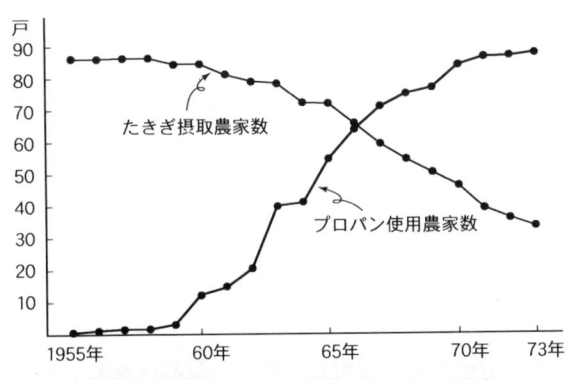

図2-9　農家における家庭エネルギーの変化

注：1. 調査農家数は88戸。
　　2.「たきぎ採取農家」は少しでもたきぎを採っている農家。
資料：土嶺彰『農家の林野利用をふりかえる』東京教育大農成田分室報告7、1974年。

化・高度化・都市化に伴い、生活や生産と密接に結びついていた林地の機能は、次第に消失することになる。特に近代化に伴う農業分野での変化は、自給生産中心の労働集約型の生産から商品生産中心の資本集約型の生産への変化、推きゅう肥などの草肥農業から化学肥料・農薬・農業機械に依存する農業への転換、生活エネルギーの薪・木炭から石油、ガス、電気への転換および兼業化による労働力不足を加速させることとなった。このため、落葉・薪類の採取は減少し、適正な森林管理は衰退の一途をたどってきた。半世紀にも満たない間に、日本人は林野のもつ①養分資源、②畜産資源、③燃料、④建築材、⑤防風などの多様な機能の利用を急速に放棄し、'長い循環'からモノを汲み上げる生活を享受するように変わってきたのである。

4 物質循環への対応

(1) 物質循環への動き

　今日の消費型社会は、持続的な生産・活動に大きな障害を与えるような環境問題、あるいは障害を回復するために莫大な資金が必要になる環境問題を発生させるようになっている。たとえば、そのほとんどを焼却に頼っているごみ処理分野では、焼却に伴って発生するダイオキシン類が大きな環境問題となっている。また、焼却処理後の焼却灰の埋立地（最終処分場の容量）も著しい不足状態にある。全国に残されている埋立地の残りの容量は平成10年4月時点で2.1億m^3だが、これは日本全体の3.1年分でしかない。

　このような社会情勢から、家電などの工業製品はもとより、「生物地球化学的物質循環」を構成する有機物に関してもリサイクルを推進し、非リサイクル型処理を規制する動きが各国で広まっている。ドイツのバイエル

ン州では、1986年以来自治体の廃棄物処理施設の負担を軽くし、地域の泥炭資源を保全するために、刈り草、剪定枝、木屑を含む多くの植物廃材のコンポスト化を体系的に実施している。アメリカではすでに1980年代より、剪定枝や落ち葉の焼却炉・埋立地での処理を禁止する州が増えており、自治体だけでなく私企業もコンポスト化事業に取り組む動きが盛んになっている（Glenn、1997）。日本でも、道路・公園の樹木管理を目的としたコンポスト施設が各地で稼動を開始している。ごみの減量化対策の１つとして、生ごみのコンポスト化による有機質肥料・土壌改良材の生産も各地で模索され、実践に移されている。産業廃棄物全量の45％（1994）を占めている汚泥の恒常的な処理体系整備として、農業へのリサイクルを模索する自治体も増加している。これらの動きは、物質循環への取り組みが、持続性や健全性を示すこれからの重要な指標になることを示している。

(2) 物質循環のデザイン

① 生物生態系と持続的なモノの使い方

ヒトが空気・水・食物を取り入れ、息を吐き、汗・排泄物を排出するように、個としての動物は資源を取り入れ、不用なものを捨てることで、その活動を維持していることを前に説明した。このような資源の使い方に対して、リスが木の実を食べその排泄物が木の栄養になるように、さらにリスがタカに食べられタカの排泄物や遺骸が木の栄養になるように、複数の生物間ではモノの循環が形成されて、その活動が維持されている。モノの使い方という観点から両者を評価すると、外側からのモノの流入と外側へのモノの廃棄からなる前者に比較して、後者の方が効率的と言える。この効率化の極限が完全な物質循環を構成する要素の組み合わせである。そのような完全な組み合わせがあるのだろうか。答えは「イエス」である。生物生態系は、長期にわたる進化を重ね、物質的に閉じた地球上で、もはや

どの物質が資源であり、どの物質が廃棄物であるかが分からないような、完全な物質循環を達成し、そのためにその長期にわたる持続性が保障されている。

持続性の高いシステムの理想的な物資の使い方は、この生物生態系のそれに似たものになると考えられている。「スウェーデンの環境保護団体「ナチュラル・ステップ」を主宰するカール・ヘンリック・ロベールの模式図（図2-10）を参考にすると、循環型社会の姿は自然循環にある再生可能資源（A）の利息分（a）と節度を守って取り出された地下資源（b）を基に展開される。循環型社会を考えるとき、生物生態系のモノの使い方に似た社会活動を支える物質循環（C）を創造することが不可欠である。しかし、より完全な循環をデザインするためには、自然循環からの流入（a）、自然循環への戻り（c）と地下資源化（d）に注目しなければならない。それは、

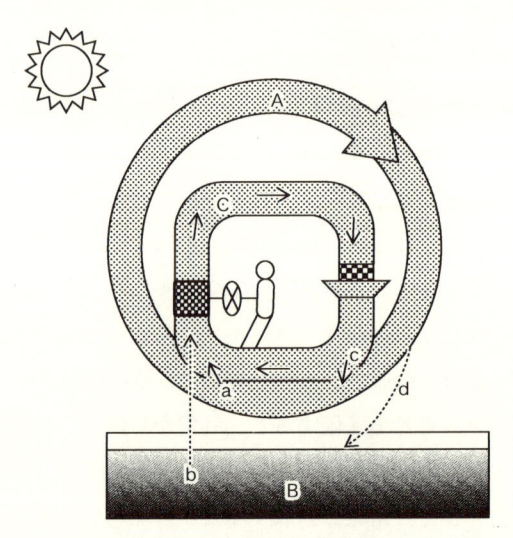

A: 自然の循環、B: 地下資源、C: 社会の物質循環、a: 自然循環からの流入（再生可能資源の利息分）、b: 地下資源の節度ある利用、c: 自然循環への戻り（物質循環からの漏出）、d: 地下資源化

図2-10　持続可能な社会の物質循環（ロベール、1996）

出入口、とくに出口が保障されない循環は絶対に成立しないと考えられるからである。

　この見方は、図2-10の(c)、(d)への物質循環を前提に、循環型の生産ライフサイクル・システム（社会整備）の実現をめざす「終点重視」の立場で、その具体的な概念としては産業エコロジーやインバース・マニュファクチュアリングなどの考え方がある。出口からのデザインには、第1に許容量というとらえ方が必要である。第2には、(c)、(d)への流出を可能とする処理プロセス・体系の選択が重要となる。適切な物質循環のためには、排出条件、回収、輸送、資源性の認識・確保、循環技術、範囲、組織などの多様な技術、人、経済に関わる要素が、エネルギー投入や物質循環の大きさ、分配などに関して、最適となるような体系をデザインしなければならない。

② 人工処理は避けられない

　物質循環のデザインにおいて、第1に地下資源化(d)に関連する重要な留意事項がある。循環プロセスにおいて不純物を完全に除去することは不可能に近い。100％の分別・選別や資源回収には多大な費用、労力とエネルギー投入が必要になることを考えると、際限なく完全性を追求することが常に妥当というわけではない。むしろ目的に沿って、効率的な不純物等の排出・一括処理をデザインすべきである。地下資源の利用を前提に成立している今日の生活・生産の水準で物質循環を検討する場合、一定量の廃棄がつきまとい、その人工処理・ストックが必要となることは避けられないと考えた方がよい。

　ところで、みどり豊かな山間に廃棄物で埋められた谷（最終処分場）がたくさんある現実を知っているだろうか。これは、自然環境がどこまでも人間のモノ利用の後始末をしてくれると過信した結果である。考えてみれ

ば誰にでもすぐ分かることだが、本来ならば、自然環境に危険要素を拡散するような物質循環系が水系的上流部の山間部にあるべきではない。そうは言うものの、既にある現実にはどのように対処したらよいのだろうか。ロベールの模式図の思想を参考にすれば、安定化処理としての地下資源化(d)を考えるべきである。具体的には、焼成固化、溶融固化による減量化、無機材料等分離・抽出などの高度処理の導入を考えることができる。この処理プロセスの稼動には、集中的なエネルギー投入（したがって、資金投入）を必要とするが、将来世代の安全性を回復できること、恒常的な物質循環の根源的解決に寄与できることなど、社会的に合意の得られやすい明確な目標が与えられる。'長い循環'からモノを汲み上げている限り人工処理は避けられないだろう。しかし、その人工処理には充分な社会的な合意形成が不可欠なのである。

③ 許容量を知る、最少化をめざす

ほとんどの生産・生活活動は、石油等の天然資源や農作物、木材などのバイオマス資源を利用することで成り立っている。利用の量・時間スケールが形成の量・時間スケールと一致していれば形成と利用が均衡し、持続的に資源を利用することが可能となる。一方、資源利用の量・時間スケールがその資源形成の量・時間スケールより多い・短い場合、形成と利用の収支が均衡せず、その資源利用は資源枯渇に向かうことになる。一般的に、'長い循環'からモノを汲み上げる石油、鉱物などの利用は収支が均衡しないタイプの資源利用で、このような資源は枯渇性資源（非再生資源）と呼ばれる。資源を将来にわたって持続的に利用し、地域の環境を保全しようとすると、資源の形成と利用、地域の許容量（環境容量）などに関する量的・時間的なバランスへの配慮が不可欠になる。

ただし、この時間の要素を取り入れた資源バランス、環境容量を具体的

に把握することは非常に難しい。たとえば、河川には浄化能力があると言われているが、その能力は流れる水の量や速さ、水の深さや幅などの流路の形状などに関係し、どの程度の汚れまでならばきれいな水に戻すことができるかを具体的に示すことは結構難しいことである。

　このような状態での間違いのない選択は最少化である。これから1か月間にいくらかかるかわからないときに出費をできるだけ切り詰めるように、将来どれだけの資源量が利用できるのかが分からない、あるいはどのレベルまでの汚濁ならば安全に暮らせるかが分からないときには、資源利用、負荷排出を最少化することが得策と言える。最少化は、適正な物質循環の基本でもある。通常、資源はリサイクルされるたびにその劣化が進み、元の資源性を獲得するためにはさらに大きな資源投入を必要とする。リサイクルペーパーは再利用されるたびに繊維が短くなり、低質な紙にしか再生できなくなり、最終的にはごみ以外の何ものでもなくなる。したがって、元の資源性をできるだけ長い時間維持して利用し、次のステージへの循環量（廃棄物量）を最少化することが物質循環に取り組む姿勢としてはきわめて重要なのである。

④　最適なプロセスをつくる

　図2-10の自然循環からの流入 (a) の代表は、植物による有機炭素生産（バイオマス生産、炭素固定）である。ここではこのバイオマスを例に、最適なプロセスとは何かを考えてみる。

　わが国に降りそそぐ太陽エネルギーは、平均すると200W／m^2程度と考えられ、太陽電池はその15％〜20％を電力に変換することができる。一方、農林産物の生産する年間エネルギー量はせいぜい数10MJ／m^2で、その変換効率は1％以下である。このようにバイオマスは非常にエネルギー密度の低い資源であり、その生産に広い面積を必要とする。しかしながら、

バイオマスを用いたエネルギー生産は、生産設備と運営のために必要となるエネルギー投入を短期間に回収できることを特徴としている（これをエネルギーペイバックタイムが短いという）。したがって、分散して発生する原料を無駄なく収集し、効率的な処理が行えれば、バイオマスのエネルギー転換は価値のある持続的な自然循環からの流入 (a) ～自然循環への戻り (c) のプロセスとなる。

表2-5は、茨城県の霞ヶ浦周辺に存在してもおかしくない農村（エコ村）をモデル的に想定した村全体の未利用有機性資源（バイオマス）のエネルギー生産に関する試算である。電気・ガス・石油等の1戸当たり年間エネルギー消費を120GJ（資源協会、1994）とすると、エコ村のバイオマスは村全体の家庭エネルギーの23％～9％を賄うことができることになる。この量は小さいと言えるだろうか。

さて、適切なプロセスの検討事項として、ここでは収集と処理スケールを取り上げる。収集は輸送エネルギーに関係するので、重く・かさばるものは輸送距離を短くした方がよい。一方、処理スケールを大きくするため

表2-5　モデル農村におけるバイオマスのエネルギー生産に関する試算

モデル農村（エコ村）		バイオマスの種類	年原単位 kg(乾)/ha、人	利用率 %	利用量 10^3kg(乾)/年	エネルギー生産・消費 GJ/年	
人口／戸数	20,000／5,000	生ゴミ	20	80	320	600,000	
面積	水田(水稲) 1,250	稲ワラ	5,000	80	5,000		
	畑　地　 1,250	残さ	3,000	50	1,875	発熱係数 MJ/kg	
	山　林　 1,000	木材	5,000	80	4,000		
	雑種地　 750	枝草	3,000	50	1,125		
	宅地・商工地他 750						
計	5,000				12,320	17	209,440
		種類	変換効率				
		燃料ガス	65％				136,136
		メタノール	30％				62,832
		電力	25％				52,360

注：・変換効率はモデル事業データ（K土地改良区、1996）を参照。
　　・消費エネルギーはモデル家庭4人（資源協会、1994）の年消費量（120GJ/年）。
　　　内訳は、電気55GJ/戸・年、石油・ガソリン35GJ/戸・年、ガス30GJ/戸・年。

には、長距離輸送が必要となり、軽量化と減量化のための乾燥と固形化が付随的な処理として必要になる。自然環境からの取り入れを重視してバイオマスを使おうとするならば、乾燥による軽量化はできるだけ発生源に近いところで200W／m^2の太陽エネルギーを使うべきであろう。一方、固形化は電力などの人工のエネルギー投入を伴う処理プロセスであるので、連続運転が可能な時間当たり数トン以上の処理スケールを想定することが妥当と言える。

　処理スケールはエネルギー生産の観点からも考えなくてはならない。ストーブを燃やし、数戸の給湯、冷暖房をするだけの熱生産であれば数百kW〜数千kWの処理スケールでも問題がない。このスケールだとエコ村内に数箇所〜数10箇所の施設が設置できる。一方、ガス化・アルコール生産は時間当たり数トンを処理しないと効率が悪い。これは、エコ村に1か所程度の処理規模となる。さらに、発電のためにはエコ村サイズの村を数村〜10村まとめた数10万kWの処理が適正なスケールと考えられる。この処理スケールは、おそらく地方都市を含めた農村地域のごみ処理場の設置密度に相当する。

　適切な物質循環は、滞りのないモノの流れを必須条件としている。そのためには、モノの量的な需給バランスを考えること、許容範囲内に収まるように利用・処理量およびその量的な変動を調整することなどが必要となる。物質循環のデザインには、貯留・保管と安定供給・分配を原則とした量的調整や空間的な広がりの中でモノ（原料と資源）の需給バランスを考慮することが不可欠であり、引き継いできた'記憶'としての'長い循環'と'短い循環'におけるモノの流れの原理に整合するプロセスを創造するという視点が重要なのである。

5　これからの道筋

　C. アレグザンダー（1984）は「都市居住者と田園との接触が崩壊すると、都市は牢獄と化してしまう」として、都市域の中に田園を取り込むことの重要性を指摘している。最近では、自然と共生する、自然を生かし、それによって生かされる都市をめざして「森の中の都市」を提言する声も多い。このような考え方は、おそらく我々が「他の哺乳動物と同様、新鮮な空気と多様な緑の景観を備えた自然の生息地に、（住むことを）遺伝学的にプログラム」された記憶として持ち続けているからであり、「我々の日常生活における自然を、生物学的要求の一部と考えなければならない」（C. アレグザンダー、1984）からであろう。人は食物、水や空気を取り入れる動物の次元を超えることはできないのだ。しかしながら、生物学的必然とも言えるこのような事実に反して、今日の多くの都市は、自然条件との折り合いを放棄した画一的な人工施設、単一的・機械的な土地利用、必要以上にオーバーな無機的なデザインで溢れ返っている。

　ところで、100万人が生活していた江戸には玉川上水などの上水道はあったが、下水道はなかった。それにもかかわらず、同じ時代のパリやロンドンなどの大都市に比較して、江戸は最も衛生的な大都市であったと言われる。下水道はなかったが、代わりに江戸は近隣の農村を圏域とする廃棄物、し尿の農地還元という循環系を形成していた。この事実は、農村を含む100万人規模の圏域に自然との折り合いをもった、人間社会のモノの流れ（物質循環）が成立可能であったことを示している。

　自然との折り合いは、自然保護と同じではない。たとえば、自然利用を基礎とする農業は地形・水循環の改変（棚田、かんがい水路、溜池）、植生の組成・構造の改変（作物栽培、植林）、種の再配置（品種改良、除草、

害虫防除)、土壌構造・理化学性の改良（耕起、施肥、乾田化）などの、自然の改変を通して成立している。都市でも農村でも、生産・生活基盤づくりには、おそらく自然の改変・改良がつきまとわざるを得ないだろう。ただし、その基盤が「牢獄と化してしまわない」ための基本は、「自然環境を様々な目的のために有効に利用する」という自然のもつ機能の活用・デザインにあるのではないだろうか。たとえば、1960年代まで成立していた林野の多彩な利用は、我々の「生物学的要求」を満たす範囲で、しかも自然の治癒力の範囲で時間をかけて形成されてきた環境デザインそのものなのである。近年の林野との関わり合いの放棄は、細部までデザインされた我々と森との調和的な物質循環の記憶を喪失させることにならないだろうか。

　我々自身の存在、社会および我々を取り囲む現在の環境は、地球の歴史に例を見るまでもなく、必ず前の状態、現象を引き継いでいる。たとえば、私たちは誰もが、両親から生を受けている。今日の機械社会も、コンクリート、鉄、ガラス、プラスチックからなる建物・製品群も、1つ前の発見、発明、改良、創造、製造、生産によって成り立っている。酸素を21％含む大気に囲まれているこの自然環境も、実はいくつもの前の状態から派生したものであった。そして考えるまでもなく、将来は現在の状態に影響を受けて選択されていくはずである。現在の生活を維持するための結果として排出している炭酸ガスやごみの山は、次の将来に影響を与えていくのである。

　過去を引き継いで現在があり、これから向かうべき将来の枠組みが現在の社会を布石とするのならば、我々の取るべき道はそれほど多くないかもしれない。そして今が、その失いかけている過去の記憶を呼び起こし、新たな将来の記憶の創造に踏み出すときかもしれない。本章で示した物質循環の歴史とその変容、生物や社会の資源消費の実態、これらによって形づ

けられる今日の社会におけるモノの流れ、物質循環のデザインなどの研究が、その取るべき道の選択と道に横たわる障害の克服に対して、何らかの手がかりとなることを期待したいものである。

● 研究課題 ●

1．自然と人間社会の窒素サイクル（年間）の全体を、次のよう仮定したときの窒素の流れを図で示してみよう。また、この窒素サイクルにおいて、人間活動（人工的な取り込み）が最も影響する部分はどこかを、窒素の流入・流出量とストック量の変化などから考えてみよう。なお、サイクルがスタートするとき（最初の1年目のとき）の窒素量は、大気（リザーバー）：194Zg－窒素、①「人間と生物が使える状態」：740Pg－窒素、②「植物（生産者）」：12Pg－窒素、③「動物や人間（消費者）」：1Pg－窒素、④「微生物（分解者）」：930Pg－窒素とする。

・窒素は大気（リザーバー）から、①「人間と生物が使える状態」に変換される（人間社会と生物生態系への取り入れ）。取り入れ量の収支は自然循環としてはゼロ（180Tg－窒素／年を取り入れ、同量を大気へ戻している）、工業製品としてプラス70Tg－窒素／年である。
・この①「人間と生物が使える状態」の窒素のうち、7,270Tg－窒素／年（このうち70Tg－窒素／年は化学肥料等の人工的取り入れ分）が②「植物（生産者）」に取り込まれる。
・②「植物（生産者）」の窒素のうち、70Tg－窒素／年（このうち20Tg－窒素／年が化学肥料等由来の生産増分）が③「動物や人間（消費者）」の餌・食料に、7,150Tg－窒素／年が直接④「微生物（分解者）」に回される。
・③「動物や人間（消費者）」の窒素から④「微生物（分解者）」へ50Tg－窒素／年が流出する。
・④「微生物（分解者）」は7,200Tg－窒素／年を再び①「人間と生物が使える状態」の窒素に戻す。

2．中国、ドイツ、イタリア、タンザニア、エジプト、ブラジルの1人当たりGDP、1人1日当たり摂取カロリー、1人1年当たり供給食料の主要品目構成

を調べ、国ごとの植物産品、動物産品の割合とGDPの関係について考えてみよう。なお、国別の各種統計データは、FAO、国連、世銀のWebサイトやこれら機関が発行する統計資料あるいは、「世界国勢図会（国勢社）」などの図書から入手できる。

3. 世界全体、日本、アメリカの1970年代〜1990年代の人口とアルミニウム、銅、粗鋼の年間消費量を調べ、各金属1人当たり消費量を計算し、その経年変化について金属別、国別の違いに関してコメントしてみよう。

4. ルワンダ（アフリカ）の農村では、薪と農産物残さが日々の生活における主要エネルギー源である。次の表は村別の薪と農産物残さの1人当たり日消費量である。各村と全村平均の年間エネルギー消費量を求めてみよう。さらに、これを新たな植林による薪生産で代替するとしたときに必要となる植林面積を計算してみよう。また、石油で代替した場合の年間石油消費量も求めてみよう。なお、薪、農業残さおよび石油の1kg当たり発熱量はそれぞれ15MJ／kg、14MJ／kg、38.5MJ／kg、植林による木材（薪）の年間蓄積量は3m^3／ha・年、木材（薪）の単位重量は650kg／m^{3}とする。

燃料の1人当たり日消費量 (kg/日)

	薪	農産物残さ
イ 村	0.94	0.64
ロ 村	1.49	0.30
ハ 村	0.72	0.58
ニ 村	1.10	0.70
ホ 村	0.30	0.75
ヘ 村	0.89	0.21

出典：D. L. Kgathi and P. Zhou (1995): Biofuel Use Assessment in Africa, 'African Greenhouse Gas Emission Inventories and Mitigation Options', J. F. Fitzgerald et al. ed., Kluwer Academic Publishers.

【文献案内】
　本章で参照したものを含め、関連分野をさらに学ぶための手がかりとして、いくつかの参考文献をあげておく。第1節で取り上げた大気の組成変化などに関係する「地球の

歴史」や「地球の環境」に関しては、若干専門的かもしれないが『46億年地球は何をしてきたか？』、『地球システム科学（岩波講座地球惑星科学2）』、『水・物質循環系の変化（岩波講座地球科学4)』（いずれも岩波書店）や Lovelock, J. E. の『地球生命圏：ガイアの科学』（工作舎）が参考になる。第2節の「人の体と生理」については、『人体機能生理学』と『図説生理学』（いずれも南江堂）を参考にした。

各種の「資源利用や環境の実態」は、世界資源研究所の『世界の資源と環境』（中央法規）、『世界国勢図会』（国勢社）や環境省の『環境白書』が役に立つ。また、最近では　http://apps.fao.org/page/collections?subset=nutrition
　　　　　　http://www.worldbank.org/data/
のような国連や世銀などの Web サイトからも有用なデータが採取できる。

「農林業の変遷」をたどろうとするときには、少し古いかもしれないが、本章で参考にした『稲作以前』、『照葉樹林文化の道』（NHK出版）、『農家林業の経営』（地球出版）が使えるだろう。

本章で最も重点をおいた「物質循環の考え方や方向」については、カール・ヘンリック・ロベールの『ナチュラル・ステップ―スウェーデンにおける人と企業の環境教育』（新評論）、フリードリヒ・シュミット・ブレークの『ファクター10～エコ効率革命を実現する』（シュプリンガー・フェアラーク東京）、フリチョフ・カプラ、グンター・パウリの『ゼロエミッション』（ダイヤモンド社）、『産業エコロジー』（トッパン）や『地球持続の技術』（岩波新書）が入門～やや専門的な読み物になると思う。町や住環境に関しては、C. アレグザンダーの『環境設計の手引きパターンランゲージ』（鹿島出版）が面白い。本章では『木質バイオマス発電への期待（林業改良普及双書135)』、『廃棄物のバイオコンバージョン』（地人書館）、『環境保全型農業とは何か』（農林統計協会）などを参考にしたが、バイオマス利用、環境保全型農業などの個別分野の関連書物はきわめて多種多様で、数え上げることができないほどである。ここでは一部の書物しか紹介できないが、これらを手助けに、さらに興味ある文献を探していただきたい。

【参考文献】

松井孝典著『地球システムの安定－地球システム科学』（岩波講座地球惑星科学2）、岩波書店、1996.

和田英太郎他編『水・物質循環系の変化』（岩波講座地球科学4）、岩波書店、1999.

杉晴夫編著『人体機能生理学』南江堂、1997.

川上正澄著『図説生理学』南江堂、1976.

世界資源研究所他編「世界の資源と環境」石弘之(財)環境情報普及センター日本語版監修、中央法規、1993、1999.
矢野恒太郎記念会編「世界国勢図会2000/2001」国勢社、2000.
環境庁編「環境白書平成11年版」2000.
資源協会編「家庭生活のライフサイクルエネルギー」あんほるめ、1994.
小林久他編『中国甘粛省農村地域の集落と生活環境』静岡大農学部研究報告47、1997、53-66.
小林久著『中国甘粛省少数民族居住区における物質循環の実態』農村計画学会誌18(2)、1999、114-125.
KOBAYASHI, H. Role of Material Flow Analysis in Sustainable Development: Material Flow of Livestock Farming in the Dhofar Region of Oman, Technology and Development 14, 2001, 21-31.
World Resources Institute Resources Flows: The Material Basis of Industrial Economics, 1997.
http://apps.fao.org/page/collections?subset=nutrition
http://www.worldbank.org/data/
佐々木高明著『稲作以前』NHK出版、1971.
佐々木高明著『照葉樹林文化の道』NHK出版、1982.
犬井正著『武蔵野台地における平地林の利用形態』地理学評論55(8)、1982、549-565.
紙野伸二著『農家林業の経営』地球出版、1960.
カール・ヘンリック・ロベール著『ナチュラル・ステップースウェーデンにおける人と企業の環境教育』(市河俊男訳)新評論、1996.
C.アレグザンダー著『環境設計の手引きパターンランゲージ』(平田翰那訳)鹿島出版、1984.
熊崎実著『木質バイオマス発電への期待』林業改良普及双書135、2000.
矢田美恵子他編『廃棄物のバイオコンバージョン』地人書館、1996.
Glenn, J. Finding Profit in Organics Recycling, BioCycle Dec, 1997, 30-33.
和田英太郎、安成哲三編『水・物質循環系の変化』(岩波講座地球環境学4)、岩波書店、1999.

コラム

大きな単位と小さな単位

環境科学における計測単位は、一般的にメートル制を規準とする国際単位系 (SI) で表される。SI は、長さ（メートル、m）、時間（秒、s）質量（キログラム、kg）、温度（ケルビン、K）を基本単位としている。エネルギーを示す単位は、'J（ジュール）'で、その他のエネルギーを示す単位とは、次のような関係にある。

$$1J = 1kg \cdot m^2/s^2 (1N \cdot m), \quad 1cal = 4.186J, \quad 1Btu = 1,054J$$

また、環境科学では数量の大きな単位や小さな単位を扱うことが多く、それを表すために接頭記号がよく使われる。例えば、通常我々が使う1トンは1メートル・トン＝1,000kg のことで、この 'k' は千（1×10^3）を表している。したがって、1トンは1,000kg ＝ 1×10^6g となる。本書でもこれらの接頭記号をたびたび使用するので、以下に示しておく。

数	接頭語の読み	記号
10^{24}	ヨッタ (yotta)	Y
10^{21}	ゼッタ (zetta)	Z
10^{18}	エクサ (exa)	E
10^{15}	ペタ (peta)	P
10^{12}	テラ (tera)	T
10^{9}	ギガ (giga)	G
10^{6}	メガ (mega)	M
10^{3}	キロ (kilo)	k
10^{-3}	ミリ (milli)	m
10^{-6}	マイクロ (micro)	μ
10^{-9}	ナノ (nano)	n
10^{-12}	ピコ (pico)	p
10^{-15}	フェムト (femto)	f
10^{-18}	アット (atto)	a
10^{-21}	ゼプト (zepto)	z
10^{-24}	ヨクト (yocto)	y

第3章

琉球弧・シマの記憶
―都市で共同の形を編みなおす―

研究アプローチ

　今の時代、人も物もあわただしく動き、風景もまた移り変わっていく。生まれた土地に住み続けて一生を終えるというかつて一般的だった人生はむしろ少数派となり、多くの人たちが移動と定着の過程を重ねながら生きている。こうした生のスタイルは、人々の繋がりの形をどう変え、人々の心をどのように形づくっていくのであろうか。これが、この章で考えてみたいテーマである。

　ここ数年間、わたしは、入学したての1年生を対象にした社会心理学の講義の中で、その開始間もない回の授業で次のような課題を出すことにしている。「あなたの生を、個人という単位で閉じるのではなく、祖父母、両親、そしてあなたという、三代のつらなりのなかに位置づけてとらえ返すという作業をしてみたいと思います。それぞれ（あなたを含めて最多で7人になる）が、いつ・どこで生まれてこれまで何をして生きてきたのか、その地理的移動と職の遍歴についておおまかに調べてきてください」。以下に引用するのは、「私の移動歴、家族の移動歴」と題されたこの小レポートを書き終えた人たちの感想である。

　「今回この調査をしてみて、初めて知ることも多くて、今までとは違った角度から家庭の中をのぞき込んだようで新鮮に思えた。しかしその反面、ずっと一緒に暮らしたり、頻繁に行き来をしている仲なのに、家族や両親の過去を知らないというのは少しさみしいと思った。何でもわかっているはずと思い込んでいたからかもしれない。また、三代の歴史をみることで、明治、大正、昭和という歴史を教科書で習うような自分とはかけ離れて感じるものではなく、身近なものとして感じることができた」。

　「この作業を通して、一緒に住んでいた家族がいろいろな所に行っていて、それを自分がまったく知らなかったことを知った。また、これを調べる前は家族の人生につ

いていまいちピンとこなかったが、このレポートを通して家族にも家族の人生があるということを身近に感じられるようになった」。

「私が生まれる前に、すでに母の父は死亡していたため、写真でしか顔を見たことがありません。まして、どのような人生を送ったのかなど聞いたこともなかったので、今回初めて母の父の人生について知りとても驚きました。私は、戦争で亡くなったとばかり思っていたのですが、無事に帰国したそうです。……この作業を通し、私がいま存在することへのありがたみを感じるとともに、戦争についてもっと学ぶべきだと感じました。この作業がなかったら永遠に祖父母の人生を知らずに生きていくことになってしまったかもしれないと思うと、この作業にありがたみのようなものを感じました」。

　講義の冒頭にこのような課題を出すねらいは、人間存在を時間（歴史）と空間（環境・風土）に位置づけて把握しようとする社会心理学という学問領域について身近な具体例を通して理解してもらうとともに、私たち自身がめまぐるしい移動の時代に生きていることをあらためて認識してもらうことにある。受講生の多くが5月の連休に帰省、つまり郷里へと移動するので、この時期なら家族とじかに会って話を聞く機会を設けやすいだろうとの事情もある。
　さて、作業後の感想は、「移動」という新たな視角から家族の歴史を辿ってみる過程でいくつもの思いがけない発見があったことを伝えている。両親のことはともあれ、祖父母の人生について驚くほど知らない自分自身に気づいたという感想を綴る人が少なくない。祖父が戦地に赴いたことをあらためて知り、はじめて戦争を身近に感じたという声も目立つ。どうやら、三代のつらなりには「戦争」という大きな断絶が横たわっているようである。またこの作業を通して、家族一人ひとりにもそれぞれの人生があったという、ごく当たり前の事実を受けとめたと素直に記してくれた人もいる。

「人は、どこから来たのかを知れば、どこへ行くのかも見えてくる」。そんな言葉があります。もちろん、前の世代の歩みをそのまま引き継げばよいというのではないでしょう。まず、かれらの軌跡をこまやかにたどり、そして、その苦難の歩みから学ぶこと。そうした作業を重ねていく中でおのずから、後に続く世代が歩むべき道筋が照らし出されてくるのではないであろうか。

はじめに

1つの詩を読むことから始めたい。1935（昭和10）年に発表されたこの詩は、沖縄から日本本土への移動体験の中で生まれた。

　　会話

　お国は？　と女が言った
　さて　僕の国はどこなんだか　とにかく僕は煙草に火をつけるんだが　刺青と蛇皮線などの聯想を染めて　図案のような風俗をしているあの僕の国か！
　ずっとむこう

　ずっとむこうとは？　と女が言った
　それはずっとむこう　日本列島の南端の一寸手前なんだが　頭上に豚をのせる女がいるとか　素足で歩くとかいうような　憂鬱な方角を習慣しているあの僕の国か！
　南方

　南方とは？　と女が言った
　南方は南方　濃藍の海に住んでいるあの常夏の地帯　龍舌蘭と梯梧と阿旦

とパパイヤなどの植物達が　白い季節を被って寄り添っているんだが
あれは日本人ではないとか　日本語は通じるかなどと話し合いながら
世間の既成概念達が寄留するあの僕の国か！
亜熱帯

アネッタイ！　と女は言った
亜熱帯なんだが　僕の女よ　眼の前に見える亜熱帯が見えないのか！　この僕のように　日本語の通じる日本人が　即ち亜熱帯に生れた僕らなんだと僕はおもうんだが　酋長だの土人だの唐手だの泡盛だのの同義語でも眺めるかのように　世間の偏見達が眺めるあの僕の国か！
赤道直下のあの近所

　1903（明治36）年に那覇の町で生まれた山之口貘は、1922（大正11）年19歳のとき、絵を学ぶために東京に向かった。関東大震災に遭っていったんは帰郷するものの、その2年後に再度上京。いくつもの職を変え、住所不定の放浪生活を送る中で詩作を続けた。彼の上京からこの詩が発表されるころは、沖縄から日本本土へと出稼ぎに向かう人たちの流れが一気に太くなる時期とちょうど重なる。この詩は、当時、沖縄出身者に向けられていたまなざしの質をこまやかに伝えている。
　本章では、沖縄の1つの村落を取り上げ、近代の変動期にそこから各地へ移動した人たちの流れをたどっていく。一人ひとりの語りや残された多様な資料に時代の空気を感じながら、度重なる制度改変や戦争という切断の時代を彼らがどのような繋がりを頼りに生きてきたのかを跡づけてみたい。

1　シマの景観

(1) 琉球弧のシマ

　日本列島の南西、九州島から台湾島の間に弧状にならぶ小さな島々のつらなりは、琉球弧と呼ばれる。15世紀には、この島弧のほぼ中央に位置する沖縄島に1つの王国が誕生し、やがて奄美諸島から宮古、八重山諸島までを勢力下に治めた。一方で、この王国は中国・明朝を盟主と仰ぐ冊封(さくほう)体制下に入り、海禁政策を取る明朝とその周辺地域とを繋ぐ中継貿易を担うことでしばらくのあいだ繁栄を謳歌した。しかし17世紀初頭には薩摩・島津氏の侵攻にあい、江戸幕府の幕藩体制に組み込まれることになった。

　支配者間のせめぎ合いに焦点を当てるならこうした歴史的経緯をたどることのできる奄美諸島以南の島々において、琉球王国の成立以前からそして島津入り以後も、時代の荒波をかぶりながらシマと呼ばれる村落共同体が生活の基本単位としてあった。文化地理学者の仲松弥秀氏は、共同体としてのシマの起源を、死者を葬り祀るという行為に求め、御嶽(うたき)と呼ばれる祖霊神の祀られた場所を中心に集落が形成されてきたとみる。村人たちにとって先祖と一体となった祖霊神は、自分たち子孫を包み育んでくれる守護神でもある。そして古来より、その愛護に感謝する祭祀を担うのは女たちだった。

　琉球弧の島々にはまた、目の前に広がる海の彼方にニライカナイという楽土が存在するという想念が広く浸透し、その神が豊作、豊漁の恩恵をもたらしてくれるという信仰へと昇華していった。四方を水平に開く海に囲まれている、島という自然地理的環境が海の彼方への想いを膨らませ、山に囲まれた盆地状地域に醸成されやすい天上界を頂く垂直的上下思想とは対照的な水平的横の世界観を育んだ。そして自ずから、人と人との繋がり

の形もこの世界観を反映したものとなった。

(2) シマの重層性

　本章において最初の舞台となるのは、沖縄島（沖縄本島と呼び習わされる）の北部、本部半島の先端に位置する1つの村落である。行政の単位で位置づけるなら、日本国沖縄県国頭郡本部町字備瀬となる。

　集落の東側には砂糖きびや野菜を育てる畑が広がり、西側の海は珊瑚礁によって浅緑の内海と濃藍の外海とがはっきりと仕切られている。その向こうには岩山を抱えた伊江島が浮かぶ。防風と防潮の役目を果たす福木という名の照葉樹が集落全体を覆っているため、そこに200戸を超える家々が並んでいるということは中に足を踏み入れないとわからない。また、海岸線に沿って縦長の碁盤型に家々が配置されていることは、この集落が計画的に形成されたものであることを物語っている。沖縄諸島における碁盤型村落の発生は琉球王府による地割制度の導入と重なっており、備瀬の場合も、村落そのものの成立起源はともあれ、今の場所に集落が移動し整備されたのは地割制導入による結果であることが推測される。

　近くに川のない備瀬では、かつて水の確保はいくつかの井泉に頼るほかはなかった。また、周辺に原野や山林がないため、燃料となる薪は遠くの山へ取りにいかねばならなかった。畑は丘陵地に向かって広がっているため乾燥しやすく、風害や潮害をもろに受けてしまう。水が乏しく作物を育てるのに難渋する土地、さらに繰り返し襲ってくる暴風。こうした厳しい自然条件が、祖霊神の前に並び手を合わせてその庇護を求めるという祈りの姿勢をいっそう強めたことだろう。

　祖霊神の祭祀を基礎として比較的ゆるやかな生活共同体としてあった古層のシマは、島津入り以後は王府によって重い貢租と賦役を課せられる単位として位置づけられ、納税共同体としての役割を背負わされることにな

った。一定期間ごとに土地の割り替えを繰り返す地割制のもとに、過重な負担の連帯責任が村人には求められた。その結果としてシマは、他出者をできるだけ防ごうとする境界の明確な閉鎖系の共同体へと変質していった。近世期の沖縄は、こうした重層性を抱えた地域社会の集積として捉えることができる。

(3) 共同という生の形

　現在の備瀬においても、祖霊神の前で並び手を合わせるという姿勢は生きている。集落のほぼ中央に神アサギと呼ばれる拝所があって、神人と呼ばれる女たちが手を合わせる光景を年中行事ごとに目にすることができる。海を背にして東方の丘陵を向いて手を合わせるのは、その方向に城山と呼ばれる森があるからだ。ここが村落発祥と深いかかわりがあるとされる御嶽である。また、神アサギから西方は参詣坂と呼ばれる海を臨む場所に通じ、ここでの御願は龍宮神に向けたものとされる。

　集落の南端には浜井戸とよばれる場所がある。ここは、沖縄の日本復帰後まもなくして開催された海洋博の敷地に指定され、いまは国営公園内の人工ビーチの一角となっている。満潮時には海に沈み干潮時になると姿を現したというこの井泉は、共同の水場としてかつて備瀬の人たちの暮らしを支えていた。今はコンクリートの枠で囲われ花壇の一部となっているこの井戸に、かつての風景を想像してみるのは難しいが、この水は今でも葬送儀礼に参加した人たちを清める聖水として使われている。

　こうしておもな聖地をいくつか取り上げてみただけでも、備瀬の人たちにとってシマの内部は、神事を執り行う場所を中心にこまやかに位置づけられていることがわかる。それらは相互に関連づけられ、それぞれ固有の名前と意味が今なお継承されている。初めて目にする人には、これらの場所で手を合わせる一群の人たちの姿は深い印象を与えるに違いない。

海と陸に挟まれた備瀬に住む人たちは、生活の糧をその双方に求める半農半漁の生活を営んできた。家屋の普請や砂糖きび刈りなど一度に多くの労働力を必要とするときは、ユイセイと呼ばれる共同作業で助け合った。また、刳舟(サバニ)を漕いで外海に出て行う漁は、一団となった男たちが素潜りで魚の群れを追い込み、袋網ですくい上げるという漁法をとった。限られた環境の中で生きていくためには、必然的に相互扶助が求められる。祖霊神の前で並ぶことから始まり、人と人との繋がりを幾重にも結んで共同の形を編み続けるさまは、かつての暮らしにありふれていた、結び、編み、織るという姿勢と重なって見える。シマの女たちは芭蕉の繊維を取って糸を紡ぎ、布を織り上げるという手仕事の技をあたりまえに身につけていた。また、海岸線に自生する阿壇(あだん)の繊維は筵などに織り上げられ、心穏やかな老人が織った筵は目が揃って上等のものになったという。そして男たちの漁に欠かせない網は、不慮の裂け目を繰り返し繕いながら使い込まれていくものだった。

写真3-1　海を臨む

2 近代変動期の出稼ぎ

(1) 稼ぐための移動

　列島の北方で江戸幕府が倒れて明治政府が樹立されると、かつての琉球王国は沖縄県となり、中央集権的な体制で近代化を急ぐ国家の周縁に改めて組み込まれることになった。そして、拡大政策をとるこの国の歩調と絡み合いながら、多くの人たちがその境界線の外へと押し出されていった。沖縄からの出稼ぎ移民が本格化するのは、土地制度が改変された後の時期とちょうど重なる。初めての移民がハワイに向かった1899 (明治32) 年、地割制度を撤廃して土地の私有を認める土地整理事業が始まり、4年後の1903年に完了した。

　個人に土地の所有権を認めると同時に、その個人を納税主体に仕立て上げるこの土地制度の導入によってシマは納税共同体としての軛を解くことになったが、今度は、納税の義務を課された個々人がそれぞれに現金収入の手立てを求めなければならなくなった。シマに貨幣経済の波が一気に押し寄せ、借金の抵当に土地を失う者が出る一方でそれらを買い集める者がいるという農民層の分解が促進された。こうした変化の中で、「もうきていくーよー（儲けてこいよ）」とのことばを背に島の外に出る人の流れができていく。その行き先が国外の場合は移民と呼ばれ、国内の場合は出稼ぎと呼ばれたが、双方ともに稼ぐための移動だった点では共通していた。そして第一次大戦後の不況下に、唯一の換金作物だった砂糖きびの栽培が糖価の暴落によって打撃を受けると、この流れは一気に加速することになる。

　出稼ぎ移民がありふれた現象となっていた1927 (昭和2) 年には、沖縄の島々を離れた人たちの心情を反映した「移民小唄」という歌がひとつの

出稼ぎ体験から生まれている。作者は、のちに近代「沖縄民謡の父」と呼ばれるようになる普久原朝喜。この歌が共通語であることにも注意したい。

　一、なれし古里　沖縄の　想い出深き　那覇港
　　　泣いて別れて両親と
　　　八重の潮路を押し渡り
　二、海山越えて　はるばると
　　　来たる月日も夢の間に　も早一年　越しました
　　　油断するなよ　ネー貴男
　三、立てし志望の　一筋は　岩をもつらぬく　覚悟あれ
　　　金は世界の　回りもの　かせぐ腕には　金ばかり
　四、無理なお金も　使わずに　貯めたお金は　国元の
　　　故郷で祈る　両親に便り送金も　忘れるな
　五、人に勝りて　働けよ　勤倹貯蓄も　心がけ
　　　錦をかざって　帰るとき　親の喜び　如何ばかり

　「かせぐ」、「貯める」、「送金」など、この歌には「金」にまつわることばが幾度も繰り返される。そして、その金を待ちわびているのは、この歌の主人公を送り出した「両親」。おそらく、渡航費を工面するのにひどく苦労したことだろう。この歌詞からも、当時の移民は成功後の帰郷を前提とした出稼ぎであったことがうかがえる。そして同じような構図は、出稼ぎ移民や紡績女工の心情を歌った数々の歌に共通する。

(2) シマの外へ
　人の移動の波は土地整理後の備瀬にもひとしく訪れた。戦前生まれの幾人かにそれぞれの経歴を尋ねてみれば、集落の静かな佇まいとは裏腹な人の出入りの激しさが浮かび上がってくる。だから、シマの人たちの移動と

定着の人生をたどることは、幾重にも堆積した移動の記憶を掘り起こす作業でもあった。
　備瀬からの移民は、20世紀初頭にメキシコの鉱山で働いた2人がもっとも早い。その後、日本移民を制限する日米の紳士協定が締結される直前の1907 (明治40) 年に、ハワイへの移民が集中している。渡航者名簿で確認できた29人のうち、10組20名は夫婦での渡航だった。備瀬にはハワイ帰りの人が建てたという家に「ハワイヤー」という屋号が残っている。南米への移民に目を転じると、1918 (大正7) 年から1936 (昭和11) 年にかけて18名がペルーに、そして、1919年から1934年にかけて12名がブラジルに渡った。これらの移動は、先発して渡航した者が足場をつくった後に家族などの近親者を次々に呼び寄せるという形をとり、ハワイ移民のようにある特定の時期に集中したわけではない。一方、フィリピンへの移民は1928年から翌年にかけての2年間に集中し、20名ほどの男たちが群れをなしてミンダナオ島ダバオの麻農園に向かった。そして、日本の委任統治領となった南洋群島にも人は流れた。
　次節で取り上げることになる日本本土への移動についてはどうだったのか。1920年代すなわち大正末期に沖縄から本土への出稼ぎが本格化するのに伴い、大阪や横浜などの都市工業圏では、同郷の人たちが特定の地域に集まり住む傾向にあった。かれらは出郷の際に地縁・血縁で結ばれた先行者を頼ることが多かったから、たどり着いた先でシマや町村という共同性を軸に再び繋がっていくのも当然の成り行きと言えた。また、現在という地点からは想像しがたいが、沖縄出身者に向けられた偏見や差別のまなざしがその結合を促したという側面も見逃せない。備瀬出身者の場合、若い娘たちは1920年代から30年代にかけて大阪堺の大和川紡績に集中し、大阪に出た男たちの多くは、メッキ、ガラス、ナット工場といった雑工業の現場で働いた。

(3) 自他の線引き

　移動は「他者」との出会いを招く。というより、移動を契機として、人は「自分」と「他者」とを分ける新たな線引きに巻き込まれていく。その一例を、1930年代に大和川紡績で女工として働いた姉妹の語りにみることにしたい。この工場には備瀬出身の募集人が雇用されていたため、シマの娘たちが集中した。はじめに引用する姉の語りには、「沖縄」と「本土（ヤマトゥ）」という2つのカテゴリーのせめぎ合いを見ることができる。

　　あの頃までは、沖縄の人いうたら、お風呂入るときも目をこういうふうにして（しかめて）見る人もいたよ。だからお風呂も一緒に入りたくなかった。この目で沖縄の人たちを見るから。……本土人（ヤマトゥンチュ）は沖縄の人たちをあんなにばかにして、こんな話いまでもすることあるよ。あの時はあの時、時代は時代、いまはもう同しさねぇ、一緒さぁ。いま結婚でも何でもね、もう沖縄の人たちとほんと似てるさ。……同し人間なのに何が変わるかねぇ。

　つぎは妹が体験したエピソード。沖縄出身の女工どうしがシマのことばで話すのを聞いた寄宿係が「朝鮮人のようだ」と言ったのをきっかけに、沖縄の女工たちが怒りだし、やがてストライキにまで発展した。「そんなことを言われてまでここで働くことはない。ほかにだって働く場所はいくらでもある」と彼女たちは仕事を投げ出したという。結局ストはまる2日間続き、そのあいだ機械は止まったままだった。

　　うちら沖縄ことばして歩くのに朝鮮人と言われたよ、紡績で。あれからスト起こしてね、たいへんだった。沖縄の人が（で）みんな工場はもっているから、たいへんだったよ。

　日本の「韓国併合」から20年以上が経っていたこのとき、工場には多くの朝鮮人女工が働いていた。この事件からは、日本という国家とその周縁に位置づけられた沖縄、そして植民地として吸収された朝鮮という三者

の関係とその位置づけを読み取ることができる。背景には、欧米の「文明」諸国をモデルに植民地主義国家への道を邁進する日本が、自らの「文明」度を誇示するために、吸収した植民地に「野蛮」を見いだし、かつ創り出していったという過程があった。

　各地に移動した備瀬出身者たちの語りに耳を傾けていくと、かれらはさまざまな状況を越えて1つの共同性を生きてきたのではなく、それぞれの状況に応じて自分を帰属させる共同性を柔軟に切り替えていたことがうかがえる。彼らは、「備瀬人(ビシシチュ)」として同郷人への協力を惜しまず、本土人たちからの不当な差別に対しては「沖縄人(ウチナーンチュ)」としての誇りを持ち、ときに「日本人」という立場から朝鮮人を見下した。これら複数の共同性のどれに焦点が合うかは、目の前の（あるいは想定された）相手を、どのように類型化するかによって決まる。このように、他者との関係の中で浮かび上がってくる共同性を「対する共同性」と呼んでおくことにしよう。

　備瀬出身者たちが利用できる、対する共同性はひとまず、図3-1のように整理できるだろう。かれらはそれぞれの状況下で、これら複数の共同性

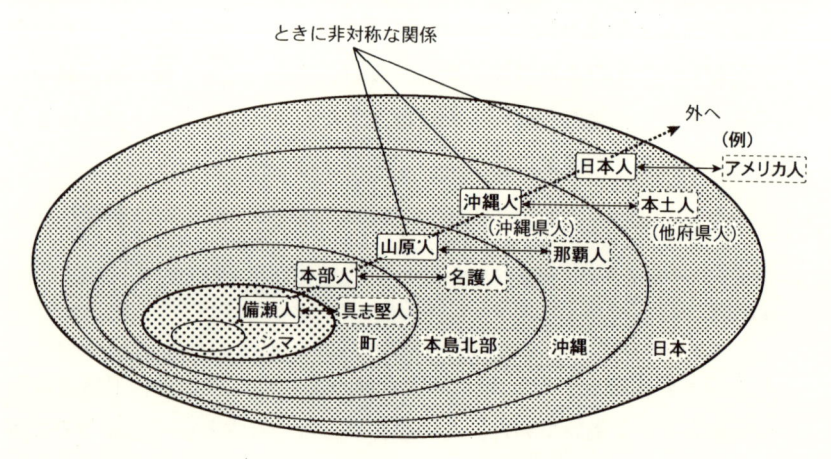

図3-1　状況に応じて選択される「対する共同性」

のステージから当面の目的に必要なレベルに注意を向ける。ただ、この焦点化は意識的になされるというよりも、本人が置かれた状況下で無自覚のまま行われていることが多い。

3 焼け跡からの再建──大阪のメッキ工場

(1) メッキ業界への集中

　戦前、沖縄からの出稼ぎ者がもっとも多く押し寄せた大阪では、かれらの集住した港湾地区を中心に多くの同郷人組織が誕生した。備瀬を含む本部村（現本部町）の出身者で構成されたものに限っても、桃原一心会、具志堅同志会、新里共栄会、本部共栄会などがいずれも西成で結成されている。先の3団体はシマという単位、そして本部共栄会は村という単位の共同性をそれぞれ結合の機軸にしている。備瀬同志会もまた1930年代前半に、同じく西成で旗揚げされた。

　同郷人組織が発生していく過程には、たいてい中心的な役割を果たす人物が存在した。その人物は比較的早い時期に大阪に渡り、後続者に住居や就職先を世話したから、同郷人が特定の職業に集中する傾向も見られた。備瀬出身者の場合、こうした傾向はむしろ戦後になってから際立ちはじめ、焼け跡の復興から高度成長の時期にかけて男女とも大阪のメッキ業界に集中することになる。そして、そのきっかけをつくったのが西成で工場を構えた高良善行（1909年生まれ、故人）と善吉（1914年生まれ）という兄弟だった。

　早くからメッキ職人として腕を磨いていた善行氏が、善吉氏ら弟2人とともに西成の鶴見橋で「高良鍍金鉱業所」を設立したのは、1937（昭和12）年のことだった。やがて備瀬から親戚たちがかれらを頼って出てきた。戦

時中、工場は陸軍専属に指定され、支給された材料で飛行機部品などに錫やカドミウムメッキを施した。しかし、大阪空襲で工場は全焼してしまう。終戦後いちはやく作業を再開すると、依頼主が麻袋一杯に現金を詰めて先を争うように注文にきた。戦地から復員した兄弟や親戚たちも次々と加わり、電気の供給が安定する夜中に起きだして作業を行った。工場再開の様子を、善吉氏はつぎのように振り返った。

　それで、どうしようかということで兄と相談して、もういっぺんまたメッキ始めようかということで。材料の焼け残りはあったからね、焼け跡に。それでもって、やったのが、まぁ4、5名ぐらいですね。わしら、兄貴とわしと、それから、素人の方々集めて。備瀬の人でないです、ただ大阪におった臨時工。戦後やから働くとこないからね、人わりと集まりやすかったんだ。小さい工場、小さい工場いうても、普通の長屋で、小さい一軒の家、長屋の一軒の家借りてね、そこで。そこから、(弟の)高良善造と(親戚の高良)長憲が復員して来て、それでメッキが本格的に再開されてきた。……
　4名で一緒にやってるうちに仲村源勇君がまた復員してきて、これもまた親戚の方で。そこに仲田巌、そんなもんやね、最初は。みな戦前からそこでメッキやってるということ知っておったから。まぁ、買い出ししても取り上げられるしね。米一升もっても取り上げるから、どうにもならんからね。で、まぁ配給というのもわずかな、当時戦後のことやから飢えしのぐぐらいの配給をもろうて、ほんでお腹すかしながらやったのが高良メッキのはじまり、はい。

(2) 独立への支援

　操業再開の時期が早かったこともあって工場は急成長を遂げる。500坪ほどの敷地に工場を新築し、備瀬から中学校を卒業したばかりの青年たちを集団で受け入れるなど、最盛期には80人を超える従業員を抱えた。その間、1949(昭和24)年に善吉氏が堺に「高良鍍金株式会社」を設立したのを皮切りに近親者の独立が相次いだ。やがてその独立先からもさらに独立者が生まれることになり、その数は大小合わせて20を超えた。備瀬出

身者のあいだで、善行氏と彼のもとから独立した人たちとは「本家─分家」関係になぞらえて位置づけられた。

　（兄の工場では）4年間ぐらい、ずーっとね、その自転車のもんばっかりやっとったけども、わたしが前に、もう、メッキいやになっとったんだ。兄貴からどうしてもやれといわれるから（やったけど）、「あんたの工場建てたらぼくは独立するよ」という約束で。それで独立したのが、昭和24年やな。24年の12月に堺に移ってきた。
　で、わたしに1人、善行さんのとこにおった、臨時工でおった当山清達いう、それと沖縄から来た（義弟の）比嘉義源、それから高良信三、その2人がここにきて、4名でね、わたしと4名で、その工場を始まったんだ、こっちに。野っ原やったけれども、なんとか（そこにあった）家は古い工場やったからね、自転車のベルを作ってる会社の工場やった。それが売りもんやったんでね、それを買うて。で、いっぺんに払えんからね、（そこは元）ベルの製造工場やったから、その人がわしが買うたもんだから他へ行って、ベルの、自転車がチンチンするやつあるでしょ、あれのメッキをね、ぼくがやって。それで、買う時には半分しか金払ってない、ところが毎月ベル（のメッキ）をやるごとにベルの代はいつも集金なしで返済、月賦みたいなもんだ。

　その後急速に規模を拡大した善吉氏の工場では、従業員のほとんどが備瀬出身者をはじめとする沖縄の人たちだったが、工場の責任者や得意先回りを担当した多くが本土の人だった。それは沖縄出身者への差別的な雰囲気がまだ残る状況を生き抜くための手だてでもあった。できるだけ早く当地のことばに馴染むようにと、工場の中は「方言札」という罰則によってシマのことばが禁じられていた。これは、仕事ができても「ことばが不自由なために」認められない辛さを味わってきた者の後続の者たちへの配慮でもあった。やがて、能力のある従業員たちがメッキ業の下請けをする研磨職人として次々と独立していった。そのときの様子を善吉氏は「独立戦争」と表現した。

　仕事がだんだん増えてきて、で、結局、うちの一党いうんですか、第一番に高良信三ね、これが独立した。昭和何年頃やったかな、30年ぐらいやな。……従業員は60

名ぐらいはおった。それで、わしが使っておった人で、だいたい研磨の、メッキする前に研磨せないかんわな、それで次々とね、うちから独立していったのが、第一番め高良信三、つぎに比嘉、それからその次に津波古。……〔指折り数えて〕11軒やね、うちに勤めておった人。

　その人ら独立するというときにはみな、ぼくの方が暗黙のうちに材料屋に売れと(頼んだ)。1年だけ保証する、ぼくがみるから材料をうちと同じ値段で入れなさい、ということで、そういう具合にして独立をあえてもうさせたんだ。それもよくできる人やったらもう、もったいないから独立するなら邪魔するわな。わたしはそんな根性悪はしなかった。ただ、「独立したい者は勝手にせい、その代わり材料屋を世話するからどこそこから買いなさい」と。……材料を1年間わしが保証するということで、そういう関係でね、商売しやすかったんちゃうかな、邪魔はしないから。だから、得意先も分けてあげましたよ。やっぱり仕事がきれいやから得意先なんぼでも取れるからね、分けてあげても別にこっちは困らんかったんや。

　その後、景気の動向に左右されながらも成長を続けていたメッキ業界は、やがて過当競争と工場廃水の処理問題という2つの壁にぶつかることになる。経営者たちは、単価を下げるための設備投資に踏み切るか、工場経営を断念するかの岐路に立たされた。大型機械の導入に失敗した善吉氏は、悩みに悩んだ末に、代替わりもにらんでの大幅な人員整理と新たな合理化に踏み切った。1980(昭和55)年、65歳のときのことだった。兄・善行氏の工場はすでに廃業に追い込まれていた。そして、独立した人たちが工場を閉めるというやむを得ない道を選んだとき、かつて受けた援助への礼儀として、二代目の継ぐ善吉氏の工場にそれぞれの得意先を紹介したという。

(3) 出自と体験

　いま、大阪に渡ってきた備瀬出身者たちの動きを高良善吉という軸となる人物の語りを中心に大急ぎでたどってみた。ここでは、熾烈な競争原理が働く近代の産業界にあって、可能な限り「同郷」かつ「同業」という共同の形を模索してきたかれらの姿が浮かび上がってくる。もちろん、善吉

氏もまた過当競争のメッキ業界のなかで、犠牲を払いながら生き抜くという決断を下さなければならないときもあった。人員整理のときの神経衰弱になるほどの揺れは、2つの力の狭間に投げだされた彼の苦悩の深さを物語っている。

　　わたしはしがないメッキ屋やけど、しがないメッキ屋やけれども、わたしに使われた技術の立つ者はみな独立させました。自分の下に置かなんだ。それはわしの誇り、ほんまにそれは断言できます、誰に聞いても。この備瀬の人が、この辺にいてる、わしはね、かれらが（独立）するんやったら（材料屋に）お願いする、みな協力してやる。これはもう、自分一族の、備瀬の一族の心情やったし、おばあちゃん、おじいちゃん方につながりがあったから、自分一人だけっていう気持ちはいかんわけ。みんな各々散るとこまで散らして、協力したらね、よかったわけ。
　　こないだここでちょっと話したけども、高良の兄貴（善行氏）、わしの兄貴、やかましかったないうて、うるさかったなぁと。それに楯突くのはわしだけ。しかし、各々家もったらね、あの人がおったからね、よかったんちがうかなと（まわりで言ってくれた）。ありがというて、うちの兄貴を誉めてくれて、わたしもまたそのおかげで、こんなえらそうな口をたたけて。……一族の助け合い、それつないだのはおじいさん、おばあさん。

　大阪に移り住んだ備瀬出身者が組織してきた備瀬同志会は、こうして、同時にメッキ工場の体験者によって支えられてきた。メッキ業の展開を見ればわかるように、後続者たちは備瀬の先輩たちが築きあげた職場を足がかりにして自らの生活の場をつくっていった。時代を遡れば遡るほど、メッキの現場は体を酷使する厳しい労働を求めた。たとえば、「自分たちの時代は自動化されてなく全部手作業だった」という先輩の語りに、後輩たちは「あの作業をすべて手でやっていたのか」という畏れを抱かずにはいられない。こうした感覚は、先輩の時代より楽になったとはいえ、共通のメッキ体験があるからこそ生まれてくる。
　つまり、同志会は、シマという共同性だけでなく、それを基盤としなが

らもさらにメッキ現場での共働関係の中から生まれ、編み続けられてきた共同性によって強く支えられている。このように、具体的な相手と並び居ながら、共通の経験を重ねる中で生まれるつながりを「並ぶ共同性」と呼びたい。同志会の会合は、シマことばでふるさとの思い出を語りカチャーシーを舞ってシマのからだを取り戻すための場所であるとともに、メッキの現場を共に生き抜いてきたというからだに刻まれた歴史を移動先のことばで語り合う場所でもある。

4 戦場の傷痕を繕う——那覇・新天地市場

(1) 那覇の郷友会

夢^{いみ}に見る沖縄^{うちなー}　元姿^{むとうしがた}やしが　　夢に見る沖縄は昔のままだけれど
音^{うとう}に聞く沖縄　変てぃねらん　　風の便りで聞く沖縄は変わり果ててしまった
行ちぶさや　生^んまり島　　　　　　行きたい　生まれ島に

　この歌は、普久原朝喜の手による「懐かしき故郷」。沖縄玉砕の報に引き裂かれた出稼ぎ移民の心情をうたったものだ。島々での地上戦によって20万人を超える人々の命が奪われた。そして敗戦後の沖縄は、米軍の手によって日本という国家から切り離されることになり、1972年まで27年間その統治下に置かれた。

　沖縄戦で焼き尽くされた那覇の街に人々の流入が目立ちはじめたのは、復興工事が本格化する1950年代に入ってからのことだが、備瀬から那覇への移動はそれよりひと足早く1948（昭和23）年ごろに始まっている。1954年には、10数世帯80名ほどの規模で那覇在住備瀬郷友会^{きょうゆうかい}が結成された。また、この会の結成と前後するように、具志堅、新里、山川など、備

瀬周辺の各シマの出身者たちもそれぞれの郷友会を旗揚げしている。備瀬郷友会結成の4年後には、村単位の郷友会である上本部村郷友会（現、那覇在住本部町郷友会）もできている。これらシマや町村単位の動きは、備瀬をはじめとする上本部村出身者固有のものというわけではなく、1940年代末から1960年代前半にかけては沖縄本島北部から中南部に移動した人たちが次々と郷友会を立ち上げた。そして、北部から那覇への移動が一段落ついたころ、今度は本島周辺の離島および宮古、八重山から那覇に渡ってきた人たちが郷友会を結成した。

　現在、那覇には200を越える郷友会があると言われる。那覇という都市は、字、小字、町村など、それぞれの単位を軸にした郷友会ネットワークが張り巡らされた空間でもある。出郷者とシマの人びととの関係は切れずに維持されることが多く、備瀬の場合を見ても、豊年祭やシニグなどの祭事に郷友会の会員たちが積極的に参加する。そして祖先崇拝の信仰が、出郷者たちをシマに引きつける。行事の度に故郷に帰り、親戚が揃って祖先に手を合わせることは、現世を超えた系譜の中に自分を位置づける作業であり、シマ世界との繋がりを確認する行為でもある。

　那覇への移動から定着に到る過程を跡づけてみると、戦後に生じた都市への急激な人口移動は伝統的な共同体世界を一気に解体した、と単純に結論づけることはできない。この一連の流れに見られるのは共同体の解体というよりその再編だ。つまり、シマという共同体が急激な社会変動に対応する中で新たに編み出されたのが郷友会という共同の形だった。那覇に移動してきた人々は、シマの関係を軸にした郷友会を編みながら都市再興の場に参加していった。

(2) 市場の風景

　那覇でもっとも繁華な国際通りから牧志公設市場に向かうアーケード街

に入る。眩しい日の光は遮られ、電灯の照らすこの一帯はいくつかの通りが迷路のように交叉する。観光客相手の土産店の並びから生活の臭いが濃くなる公設市場あたりを通り過ぎ、さらに奥へ進んでいくと、果物や野菜を前にした女たちが通りの両側を陣取っている。アーケードがゆるやかに左に旋回していくこのあたりは衣類関係を扱った店が多い。その衣料品店の間の路地を入っていくと、婦人服や肌着類を並べた屋台のような小店の密集する薄暗い場所に出る。新天地市場と呼ばれるこの一帯は、戦後に備瀬の女たちが活躍する舞台となった場所でもある。アーケード街を無秩序に曲がりくねった道が走っていることは、この一帯が自然発生的に広がっていったことをものがたり、新天地市場もまた必要に応じてトタン屋根を葺きつないでできた空間のようだ。

市場内の店は広くても4～5坪ほど、狭いものは木枠で仕切られた1坪ほどの空間に肌着や婦人服を並べている。扱っている婦人服は主に中高年向けのために色調はやや地味め、そこに腰を下ろしているのもまた年配の女性たちだ。1995年の時点、市場には108の店があり（1998年は92店、2000年は80店へと減少）、隣接する新天地ビル内の店を合わせると130～

写真3-2　新天地市場

140店舗になる。このうち備瀬出身者の店は11軒で、さらに備瀬に隣接する石川、山川集落など桃原出身者の店は20軒を超える。桃原の人たちが多いのは、畑地だった桃原平原を軍用地として接収された人たちがここに新天地を見いだしたからだ。1960年代の最盛期には今の場所に400名を超える女たちがひしめき、1間（約1.8メートル）四方に6人が身を擦り合わせて座るさまは「まるで養鶏所の鶏のようだった」という。当時は備瀬出身者だけでも20人ほどが店をもっていて、家庭にミシンを置いて縫製の下請け作業をしていた人たちを合わせるとこの市場にかかわった女性は相当数に上る。ただ最近は、店を閉じる人たちが目立っている。

(3) 女たちの戦後

　新天地市場で働いてきた人たちの歩みは、たとえばこうだった。
　終戦後に大阪から引き揚げてまもなく夫を亡くした渡慶次梅さん（1928年生まれ）が、備瀬と那覇とをバスで往復しながら平和通で野菜の立ち売りを始めたのは1949（昭和24）年のことだった。再婚後、備瀬の人たちの中ではもっとも早い1952年に市場に出ている。お腹に2番目の子を宿しながら、初めて踏むミシンで男物のパンツを仕立て、売った。当時はまだ屋根もなく、照りつける太陽の下での商売だった。1反のキャラコから大と特大サイズを合わせて48枚のパンツが取れ、ミシン目の細かい仕上がりが好まれた。卸し専門だった新天地市場には、宮古や八重山からも商売人が買い付けに来て、盆や正月などは余りの忙しさにミシン台の上で仮眠しながら縫い続けた。その後4人の縫い子を雇い、仕立てるものも子ども用のズボンから中年のブラウスへと変わり、6男1女を育てながら50歳まで商売を続けた。
　1950年代末、すでに商売を始めていた妹を頼って新天地市場に出たという備瀬ナヘ（1921年生まれ）さんは、自分を「ナンギサー（苦労人）の生

まれ」と呼ぶ。戦前に大和川紡績で働いていた彼女のように、新天地市場で働く女性たちの中で紡績体験を持つ人は少なくない。終戦後、疎開先の九州から幼い子ども2人を抱えて備瀬に戻ってみると、夫は戦死していた。自分を含む4人の戦争未亡人が一緒になって米軍の配給米を買い集め、貸し切ったトラックで那覇の街に売りに出たという。市場に店を出すと、妹に倣って初めて踏むミシンで女性用の下着を縫った。晩から翌日の昼にかけてキャラコ1反から102枚のパンツを仕立て、午後一番で店先に並べると1時間ほどで売りさばけた。その売上金で生地を買い込み、同じ作業を繰り返した。娘が中学生になるとミシンを踏むのをよく手伝ってくれたのでだいぶ助けられた。沖縄の日本復帰後には扱う商品は既製品になったが、今も女性用の下着を扱う点は変わらない。

　上地美枝子さん（1920年生まれ）もまた、1950年代に自分で縫った下着を風呂敷に担いできて売った。当時は消灯時間があって9時か10時に家の電灯が消えると、ロウソクの明かりで縫い続けた。何年かたってから「上地縫製」というミシン工場を興し、男女両用の肌着を作りはじめた。慣れると婦人服も扱うようになった。多いときで20名ほどの若い女性たちが働き、その中には備瀬の人も何人かいた。順調だった事業も、徐々に入ってきた日本製品に押されはじめ、復帰前には工場を閉めた。復帰後は、大阪や岐阜に婦人服の既製品を仕入れに行くようになった。1983（昭和58）年には、女性で初めて市場会の会長を務めている。

　いま紹介した3人を含め、かつて新天地市場で働いていた備瀬の人たちが中心になって月に一度、「福女会」という名の親睦模合（模合は、元来は金銭的相互扶助の仕組み）を開いている。福女の「福」は備瀬のシンボルである福木からとった。24名の会員はすべて60代以上。働きづめだった生活にゆとりができはじめた1983年に、当時50～60代だった人たちが中心になってこの模合をおこした。たとえば、1995年9月の会合のときに

集まった19名の参加者すべてが、新天地市場に店を出したり下請けでミシンを踏んでいた人たちだった。次節で紹介するシマの神行事シニグを都市側から支えているのもこの福女会の会員たちである。

5　シマの記憶

(1) 状況に応じた編みなおし

　これまで、沖縄の1つのシマを基点に大阪と那覇に移動した人たちの軌跡をそれぞれの歴史状況に位置づけながらたどってきた。備瀬出身者の移動と定着の過程に焦点をあてた一連のフィールド研究の成果によれば、近代における急激な社会変動が引き起こした人口移動が、核家族や単身者という移動に適した生活形態を生み出すとともに、伝統的な共同体の解体を促したという見方はあまりに直線的にすぎる。芋づる式の出郷過程や移動先での集住傾向、そして同一職業への集中と重なる同郷人関係の組織化過程などを丹念に追っていくと、そこには、それまで生きてきた繋がりをたんに絶ち切ってしまうのではなく、新たな状況に耐え得るような形に編みなおそうと試みる人びとの姿が浮かび上がってくる。ただ、その編みなおしは、明確な意図をもって行われた過程というよりも、半ば無意識的な行動の連鎖だった。

　では、備瀬出身者たちが、個々の状況に応じてどのような共同の形を編んでいったのかを、本章で取り上げたメッキ工場と新天地市場という2つの現場に即してあらためて整理してみたい。図3-2は、1950年代から60年代にかけて、それぞれの現場で編まれていた関係をモデル化したものである。

　まず、メッキ業の現場では、中心人物を頂点にはっきりとした階層構造

1950－60年代

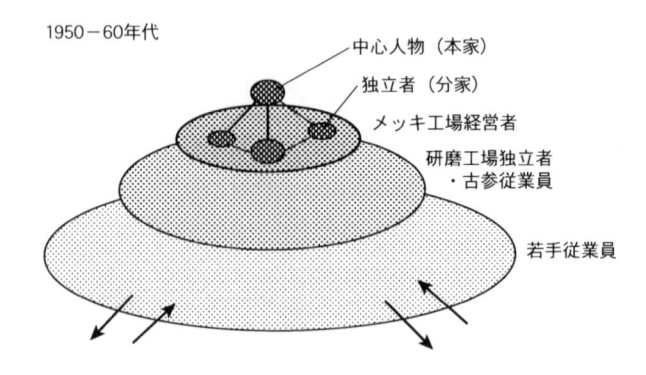

中心人物（本家）
独立者（分家）
メッキ工場経営者
研磨工場独立者・古参従業員
若手従業員

西成・堺メッキ工場：一元・垂直の共同

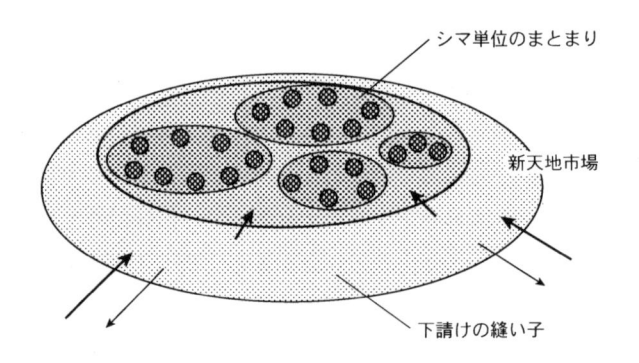

シマ単位のまとまり
新天地市場
下請けの縫い子

那覇　新天地市場：多元・水平の共同

図3-2　共同の形

がうかがえる。この業界の開拓者でもあった高良善行という人物を軸にして、彼のもとから分家して自らの工場を立ち上げた近親者たち、さらにそれぞれの工場で技術を身につけて独立した人たちや古参の従業員たち、そして「なかなか定着してくれない」と経営者たちをときに嘆かせた後続の青年たち。焼け跡での工場再建から常に迅速さを求められる展開の中で、急流に向かう魚の群れのような編隊が求められた。もちろん、比較的小資本での独立が可能というメッキ業の特質もこうした形態を取ることを後押ししただろう。強力な統率者を中軸にした一元垂直の共同と呼べるような

態勢をきつく編み上げることで、根強く残る差別的なまなざしを向けられてもいた過酷な競争状況を生き抜いてきた。

　一方、新天地市場の女たちの場合は、全体を統率するような強力な中心人物は出現せず、小さな商いを営む女性たちがシマ単位で並存するゆるやかな集合体を形成した。ミシン1台さえあれば、ほとんど元手のないところからでも商売を始められる点が、最盛期に400名を超える女たちをこの市場に引き寄せた最大の要因だろう。このような現場で、備瀬出身者たちもまた水平横の共同と名づけられるような関係を編んでいった。そして、年月を重ねていくなかで新天地市場は、それぞれのシマのまとまりを多元的に並存させながら、全体としても市場全体を包む1つの共同性を編み上げていった。それはあたかも戦争の傷痕を繕う共同作業のようでもあった。

(2) シニグの輪

　旧暦7月の備瀬はシマの行事が続く。旧盆を終えて間もない7月20日に豊漁祈願のウプユミマー（大弓馬）、22日はシマの神人たちが家々をまわって無病息災を祈念するサグンジャミ、23日と24日はそれぞれ男と女のハーシチといって子どもたちの健やかな成長を祈る。そして、翌25日のシニグを迎え、26日に神人たちを慰労するタムトノーイ（袂縫い）で一連の行事を締めくくる。「シニグとは凌ぐという言葉の語訛であり、暴風、旱害、諸疫病の災難を払い凌ぐ一種の神楽のようなもの」（仲田栄松『備瀬史』）とされ、女たちがウシデーク（臼太鼓）と呼ばれる神踊りをシマの発祥の地で踊る。一連の行事を取り仕切るのは威厳あふれるシマの神女たちで、男たちはシニグ若者（ワハムシ）という名の補佐役に徹する。

　1993年9月、これら一連の行事のなかに身をおく機会にめぐまれた。その中で、シニグ本番前の、太鼓と歌と踊りを合わせていく流れが特に印象的だった。那覇の郷友会婦人部の到着でアサギ周辺はにわかに騒がしくな

る。久しぶりに顔を合わせたなじみの人たちの間で会話がはずむ。それでも、歌合わせがすすむにつれてざわめきがおさまり、歌と太鼓と踊りが1つになっていく。すぐ側で見ていた私にも、踊りに身をゆだねていく心地よさが伝わってくる。皆でうたい、舞うことで、1つのまとまりになる。踊りの舞台はシマの拝所、いわば神と人とをつなぐ通路とも言えるような場所だ。こうして彼女たちの舞いはシマのふところ深くに抱かれている。那覇から駆けつけてきた女たちにとって、シニグの輪に加わり、シマのことばで語り、うたい、踊ることは、シマと繋がるからだを確認する作業でもある。

● 研究課題 ●

冒頭の課題をあなたもやってみてほしい。
「あなたの生を、個人という単位で閉じるのではなく、祖父母、両親、そしてあなたという、三代のつらなりの中に位置づけてとらえ返すという作業をしてみたいと思います。それぞれ（あなたを含めて最多で7人になる）が、いつ・どこで生まれてこれまで何をして生きてきたのか、その地理的移動と職の遍歴についておおまかに調べてきてください」。
そして、その中の1人を選び、さらに人生の物語をじっくり聞かせてもらってレポートにまとめてみよう。

聞き取りをする際に、以下の点に注意してほしい。
○話がじっくり聞ける雰囲気をつくる
できるだけ対象者と2人きりになれ、雑音の入らない状況を用意する。面接の目的を事前に十分説明し、会話の内容を録音させてもらうとよいだろう。相手と自分の緊張をほぐすために、しばらく雑談をしてから本題に入るなど工夫する。

○耳を傾けるという態度を
　対象者本人にわかりやすい日常の言葉を使って聞いていく。話があちこちへ発展していっても、すぐにはさえぎらないで、話が一件落着するまで耳を傾けるようにする。

○ひとまず、自分の価値判断を括弧に入れる
　面接中は相手を尊重する姿勢につとめ、自分の価値観を安易に押しつけないようにする。意見の食い違いは、物事を考えていくきっかけとなることが多いので大切にすること。また、対象者が話したがらないことを無理に聞き出そうとしないようにすることが大切である。

【文献案内】
　まず、近代人の心性について考察したものとして、P. L. バーガー、B. バーガー、H. ケルナー『故郷喪失者たち―近代化と日常意識』(新曜社、1977、原著は1973)をあげたい。近代人はいくつもの社会的世界を渡り歩いて生きるため、自身を繋留させる安定したホーム・ワールドを失い、故郷喪失感を抱えてしまう。近代に生きる人びとのアイデンティティ―人が自己を定義するその仕方―は、ひどく未確定で細分化されており、いきおい内省的で個人中心的な様態を示すことになる。
　明治以降の「ごくありふれた普通の日本人の意識」を丹念に跡づけることを目指した、神島二郎『近代日本の精神構造』(岩波書店、1961)を精読したい。日本の近代化の過程には、自然村〈第一のムラ〉から都市への人口移動、そして距離化された故郷を軸心とする擬制村〈第二のムラ〉の成立があったと見る。戦中派の著者はさらに、民衆が、天皇制ファシズムに絡めとられていく過程の解明に挑んでいる。近代日本の沖縄出身者を正面から取り上げたものとして、冨山一郎『近代日本社会と「沖縄人」―「日本人」になるということ』(日本経済評論社、1990)が重要。朝鮮半島からの移動については、杉原達『越境する民―近代大阪の朝鮮人史研究』(新幹社、1998)を読みたい。
　本章では一部、語りを引用した。近年、さまざまな領域で展開をみせているライフヒストリー、ライフストーリー研究にも注目したい。中野卓・桜井厚(編)『ライフヒストリーの社会学』(弘文堂、1995)は、日本におけるライフヒストリー研究再興のきっかけをつくった『口述の生活史―或る女の愛と呪いの近代』(中野卓編著、1977、御茶の水書房)以後の展開をふまえ、方法論をめぐる諸課題に取り組んだ8つの論考から成

る。「生成」という鍵概念を軸に編まれた、やまだようこ編著『人生を物語る—生成のライフストーリー』（ミネルヴァ書房、2000）は、ライフストーリー研究の多様な展開を示す。

【引用・参考文献】

石井宏典「「同志会」という共同の物語—沖縄のある集落出身者たちの並ぶ場所」やまだようこ編著『人生を物語る—生成のライフストーリー』ミネルヴァ書房　2000　pp.113-142

仲田栄松『備瀬史』備瀬区事務所発行　1984

仲程昌徳『島うたの昭和史—沖縄文学の領分』凱風社　1988

仲松弥秀『古層の村—沖縄民俗文化論』沖縄タイムス社　1977

　　　　『神と村』梟社　1990

　　　　『うるま島の古層—琉球弧の村と民俗』梟社　1993

高良　勉『ぼくは文明を悲しんだ—沖縄詩人 山之口貘の世界』彌生書房　1997

コラム　物語

　人々が自分たちの生きる世界をとらえるとき、そこでは必ず取捨選択が行われている。特に、言葉を使ってそれをまとめ、世界とそこで起こった出来事に意味を見いだすときには、選択された出来事をさらに一定のコンテクストのもとで秩序づける。それが「物語」である。この「物語」とは、いわゆる文学作品だけをいうのではない。それも含めて、以下のようなものである。多くの要素から構成され、それらが一定の筋のもとにおかれることで一まとまりのものとなり、全体および個々の構成要素が一定の意味を持つに至っている、何らかのフィクション性を有する「語られたもの」で、それの存在や意味の理解が社会的に共有されているもの。記憶、特に歴史と言い得るようなそれが、このような「物語」に他ならないことは昨今よく言われることである。歴史をめぐる論争は、事実認定の争いだけでなく、「物語」同士の争いという性格ももっているのである。

第4章

アメリカ・都市の発展とエスニシティの記憶

研究アプローチ

「自分とは何者か？」という〈アイデンティティ〉への問いは、自分と異なる他者と向かい合い圧倒されそうになってはじめて、浮かんでくる「問い」なのだろう。この「問い」を突き詰めれば、自分の置かれてきた環境や先祖まで遡り、遺伝子に組み込まれた「ルーツ」を探らねばならぬことになる。そうなると「文化や伝統」もそこに生きた人たちが育んできた証しであって、「消してはいけない」と守ってやりたくなるのも人情だ。

右を向いても左を見てもそんな危機感に苛まれることなく、自文化主流の環境にどっぷりと浸って暮らしていると、決してそんな「問い」や「感情」も湧いてこないのが当然だ。だが多種多様の民族が集まった場に暮らしていたら、状況は一転する。

「アメリカ人とは何者か？ そして自分は誰なのか？」これは建国以来、常に〈アメリカ人〉が問い続ける必要を迫られた問題だった。マニュフェスト・デスティニイ（決定された運命）としてアメリカ先住民（アメリカ・インディアン）を殺戮・統制しながら移住白人たちが植民地時代を経て建国したアメリカは、多種多様な民族の移民をさらに受け入れ、多民族国家として成長し現在に至る。

そんな環境で「坩堝論」は、この多種多様の民族が人種を超えて混合（鋳造）され新たな「アメリカ人」という人種が創造される、とかつて語った理想だ。しかし果たしてそうはいかなかった。この理想も「ヨーロッパ白人が自分たちの中で混合する」という発想から受け入れられた論理で、そこにはアメリカ先住民や奴隷であった黒人、東洋人などその他の人種は当然のこととして除外されていたからだ。アメリカ市民であることには変わりはないものの、宗教、文化、肌の色、顔つき、体型など様々な違いか

ら民族間に〈不可視のボーダー〉が引かれることになったからだ。ワスプ（WASP=White, Anglo-Saxon, Protestant）と称される「白人（肌の色）／アングロ・サクソン（人種）／プロテスタント（宗教）」を背景とする集団が、自由と平等のアメリカにおいても政治や経済において力を奮い他を圧制し搾取する形態を取ったからだ。その勢力は様々な分野に及び、こと「正義と価値観」においては、差別の問題をはじめ多くの犠牲を払って今日に至っている。

　ヨーロッパから植民したワスプが、自身のヨーロッパとの関係から自分を問い直し「アメリカ人とは何者か？」と問うのとは別の意味で、ワスプ以外の少数民族にはこの問いは深刻な問題となる。それは前出の迫害と同化政策に苦しめられたアメリカ先住民や、アフリカから連れて来られ奴隷制度を経て解放後も苦難の道を強いられるアフリカ系アメリカ人などの例を挙げれば明白なことだ。だが同様な苦しみを味わう少数民族はまだまだ多くいる。

　様々な民族で構成されるアメリカが、「坩堝論」から「サラダボール」「モザイク」を経て〈文化多元主義〉や〈多文化主義〉が唱えられるまでには長い年月が流れる。特に1960年代の「対抗文化」の時代にアメリカは既存の価値観の「見直し」が求められ、これによって現代に至るまで「歴史の見直し」が始められた。それは「権力者が正義であり、よって歴史は権力者に書かれていた」からにほかならない。差別を受けた歴史を持つ少数民族、たとえばアメリカ先住民やアフリカ系アメリカ人、そして日系アメリカ人等々が、民族の主張をもって責任を国に訴えて抗議したことは周知のことだ。

　それと同時に当然のこととしてアメリカでは、民族アイデンティティを探る「エスニック・スタディーズ」が大学の講座に登場する。それぞれの民族の文化を学び自文化への誇りが民族的アイデンティティを確立し、ま

た他の民族の文化を尊重することで差別をなくすことに貢献できるという理論からそれは始まり、これは中等教育や初等教育のレベルにおいても用いられるようになる。またその白人側の差別意識としての植民地支配の構造を問う「オリエンタリズム」という概念や「ポストコロニアリズム（ポスト植民地主義）」が登場したり、〈文化論〉を特に周縁からの視点を重視し「大衆文化」をもその視野に含める「カルチャル・スタディーズ」も盛んである。

自文化と他文化、そして植民地化の歴史には支配側と被支配側の文化の葛藤がある。そしてその間に時には政治的、経済的な「かけ引き」が生じてコミュニケーションが必要になる。多民族が渦巻くところで生きていくとは実際そういうことだ。世の中では「ボーダレス」「グローバリゼーション」「国際化」などという言葉が盛んに言われ、意識革命の必要性を力説している。でもここでアメリカに移民し多民族のアメリカの都市ニューヨークで「アイデンティティ（自分）」を喪失しそうになりながら「アメリカへの同化と自分を支える文化」の狭間で生きる姿を見た上で、自分を見直すのは良いことだろう。

はじめに

新世界へ夢を抱いて移り住む《移民》、そして彼ら自身が旧世界から運び込む〈民族として伝統〉や〈文化〉そして〈アイデンティティ〉としての意識。移民たちはこの２つの世界でとまどうことになる。旧世界での苦悩の記憶を消去し過去の自分と決別し「新たな人間」として出発したい《自分》は移民したては確かに強い。だが「ワスプがお手本よ、早くお手本どおり同化しなさい」と〈テキスト〉を渡されても、外観は変えられな

いし、過去の記憶だって実際はそうはいかないのだ。大都市ニューヨークはそんな移民たちの苦悩を見続けてきた。

　たとえば、奴隷としてアメリカへ連れて来られたアフリカ系アメリカ人もアフリカから継承した文化を育みつつ、生存のために受け入れたワスプ文化と融合させ様々な文化を作り上げているのだ。だから「ゴスペルだ、ジャズだ、ラップだ、アカペラだ」と流行の表層だけを見て浮かれていてはいけない。それにこのような問題は決して例に挙げたアフリカ系アメリカ人だけではなく、先住民やアメリカに移住した移民たちにはすべて当てはまることなのだ。

　さて、数多くの移民の中でもユダヤ系が「離散の民」として旧世界で迫害にも屈せずにこれたのは、自身の宗教そして伝統文化への誇りとその継承であったことは言うまでもない。アメリカに渡った彼らが生きていくために「同化」を余儀なくされ、キリスト教世界アメリカでいかに「ユダヤ教の生存」と「自らの生存」のバランスを取ってきたかをこの章では見ていきたい。そして都市ニューヨークへと〈移動した〉移民と過去の〈記憶〉、その苦悩を乗り越えた上での「生存の法則」を探っていこう。また60年代という対抗文化の時代を経た後、少数民族の民族意識がどう変化し現在に至ったのかも考えたい。

1　都市の発達と移民

(1) 都市の発達とその背景

　利潤追求・競争原理を基礎に機械を導入、アメリカの発展を望む資本主義の北部。一方、綿花のプランテーション（大農園）で、奴隷を労働力として使い、これまでと同様の方式でやっていきたい農本主義の南部。アメ

リカの南北戦争は、この対立構造が南部と北部の分裂を起こした結果だった。「奴隷解放」は人道的な点からも許されぬことではあったにせよ、北部にとっては南部のプランテーション解体がアメリカ資本主義社会発展のための重要な「鍵」でもあった。「奴隷解放の父」と称されるリンカーンが書簡や演説で「奴隷解放をしても、黒人が白人と平等にはなれない。解放したらアフリカに帰ってもらうのが良い」と述べ、最後まで「奴隷解放」という条件に消極的であったのは、真の目的がそこになかったことを明確にしている。

　さて戦後、北部の思惑どおり、産業の発展には拍車がかかり、北部と南部の往来は急激に盛んになる。北部から南部に現れたカーペットバガー（南北戦争後の南部再建時代にひと財産作ることを目当てに旅行カバン1つでやって来る流れ者）の代わりに、南部から北部へ奴隷の身分から解放された黒人（アフリカ系アメリカ人）たちが賃金労働者として都市（北部）へ自由を求め押し寄せた。

　都市は「金が万能」の世界と化し、できる限り安い賃金で生産力を上げようとする《資本家》と低賃金で保証なき長時間労働を強いられる《労働者》の関係ができあがる。この南部から移動した黒人に加え、次節で触れる外国から押し寄せる多くの移民で都市は労働力で溢れていたから、労働者は長時間労働で保証もなく子どもも容赦なく使い、おまけに「使い捨て」の時代だった。また環境問題も悪化する。

　19世紀後半から20世紀初頭のニューヨークやシカゴなどの都市をはじめ、工場の街ピッツバーグなどの街では「糞尿やごみ」「工場から出る〈有毒ガス〉や〈すす〉、工場排水」など都市環境は生産と利益優先の中、労働者への待遇と同様に最悪の状況であったことも明らかで、それはオットー・L・ベットマン『目で見る金ぴか時代の民衆生活』(1974)に詳しい。

　小説においてもこの時代を批判して書いたものが当然ある。まずこの

「金に目が眩んだ」時代の到来を既に南北戦争後の南部再建時代にエッセイ『金メッキ時代』(1873)で批判したのは『ハックルベリー・フィンの冒険』(1885)でお馴染みマーク・トウエイン(1835-1910)である。また19世紀末当時の労働条件の劣悪さに対し《労働者》の《資本家》への闘争からストライキが横行した時代を嘆き、100年後に夢を託してユートピア時代を描いたのがエドワード・ベラミー(1850-98)の『かえりかえれば2000年ー1887年』(1888)で、どちらも19世紀末アメリカの都市の実態を批判する。また「金が万能」の世の中になったことで「金持ち」が権力を握り崇拝され、「富の獲得には手段選ばず」となった結果、倫理が崩壊する。ここで都市にはスラムができ別の顔が生まれる。つまり「欲望が蠢く犯罪の温床」にもなるのだ。アメリカ文学史ではヨーロッパの影響からこの時期、自然主義小説が書かれ、「都市」のこの状況は彼らの絶好の材料となった。『アメリカの悲劇』(1925)で有名なセオドア・ドライサー(1871-1945)の『シスター・キャリー』(1900)や、スティーヴン・クレイン(1871-1900)の『街の女・マギー』(1893)などはまさにこの問題を扱っている。また中でもマックレイカーズ(「熊手で溝のヘドロを救い出す者」の意味)という社会派小説家グループに属するアップトン・シンクレア(1878-1968)は、営利に走り衛生管理がずさんな食肉缶詰工場の不衛生さを訴え、政府を動かすことにもなる『ジャングル』(1906)を書いた。このようにアメリカの特に北部の〈都市〉は、資本主義経済の中心として発展し、そこに集まる〈移動〉する)人間の人生を「アメリカン・ドリーム」という〈甘い言葉〉で成功と失敗(成功者はほんの一握りにすぎないが)に巻き込んで成長していく空間であったのだ。

(2) 都市と移民

周知のように、この時期に都市になだれ込んだのは南部黒人たちだけで

はない。それ以上の数の移民がヨーロッパをはじめ多くの国から押し寄せた。デンマーク系アメリカ人の写真家でジャーナリストのジャイコブ・A・リース (1849-1914) は、19世紀末ニューヨーク移民たちのスラムでの「生の姿」を写真と文章で綴った『半数の人たちの生活』(1890) を出版したが、そこでは貧しくもテナメント（集合住宅）で寄り添って生きる姿、旧世界文化をそのまま新世界に持ち込みそのはざま（〈記憶〉と〈現実〉）で「とまどう」姿が写し出されている。

19世紀後半から20世紀初頭には、「アメリカン・ドリーム」を求め、溢れんばかりの移民船に鈴なりになって訪れたこのような移民たちがいた。祖国での迫害、貧困苦、政変その他、多種多様な背景から故国を離れた彼ら、ことヨーロッパ経由の者たちが、大西洋を渡りニューヨーク港に入るとまず目につくのはマンハッタン島南西に浮かぶ《自由の女神像》である。トーチを掲げた19世紀にフランスで作られアメリカへ運ばれたこの像は、ヨーロッパ方向を向き、その台座には「苦しむ者、移民となりアメリカへ来たれ」というユダヤ系女性詩人エマ・ラザルス (1849-87) の詩

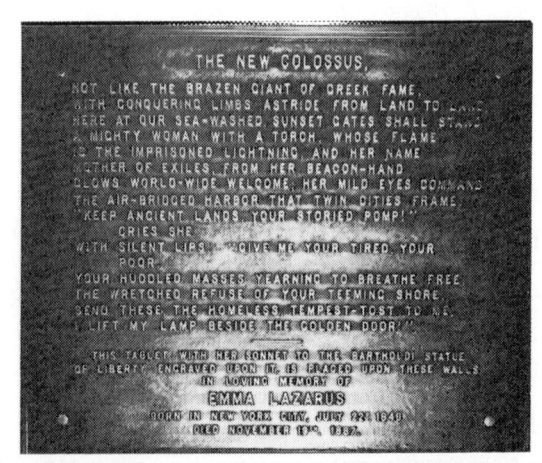

写真4-1　自由の女神の台座に書かれたラザルスの詩 "The New Colossus"

が刻まれている。彼らは女神と対面しアメリカに着いたことを実感した後、その隣、当時移民局があったエリス島へ上陸する。そこで身体検査や登録を済ませ、それにパスするとマンハッタン島バッテリーパークへ上がれる。英語が話せる者ばかりではない。いや話せない者の方が多い。また祖国を離れる時の状況は様々ではあるにせよ、その多くが「着の身着のまま」で渡航費を捻出するためにもう「蓄え」もなかったのが実情であった。

(3) エリス島とニューヨーク（マンハッタン島）そしてテナメント

　この多種多様な移民を呑み込んだ「都市」こそが、エリス島での移民審査通過後に移民たちが晴れてアメリカへの第一歩を踏むことになる《ニューヨーク（マンハッタン島）》であった。言語面での不自由さに加え、当面生活していく蓄えもなく、何よりもまず住む場所さえもないという状況下で、彼らは何とか言語が通じる同郷の移民が住む場所を頼り、そこでまずは世話になりながら職探しや住居探しをした。今日でもマンハッタンが、ロウア・イーストサイドはユダヤ系、その左はチャイナタウン、その上はイタリア系などと「○○人街」という名称で区域が分かれ、一歩ストリートをまたいでそのブロックに入り込むと街の様相がすっかり変わり、話されている言語も違う場合があるのはそのためである。このように、いまだに祖国の言語や文化（《記憶》）が残り、アメリカの原型を見るかのようなマンハッタンは、実は「移民の国というアメリカ」と「最先端のアメリカ」が混在しているとも言えるだろう。

　彼らが住んでいたテナメントはこのような移民増大中の19世紀の住居問題解決のため、3～4階建の1家族用建物だったものを各1階ずつを2家族で使えるように建て替えられたものである。狭い空間に換気の悪さで夕飯時にはまさに幾種類ものエスニック料理の匂いが混ざり合い、ゴミは上の階から投げ捨てられて放置され、腐敗し悪臭を放つなど衛生面では非

難の的ともなる。しかし、『ニューヨーク市歴史アトラス』(1994) によれば、1900年にはマンハッタン島には4万2,700戸ものテナメントが建てられ、そこには158万5,000人もの移民が収容されていたとある。

2　ユダヤ系移民とニューヨーク：都市と文化

(1) ユダヤ系移民増大の背景

　さて、これら移民の中でも、19世紀末から20世紀初頭にかけて、その数において比較にならぬほど他を抜いて増大したのがユダヤ系移民であった。特にその中でもこの時期に東欧からのユダヤ系移民が多かった理由の1つは、ロシアにおけるニコライ2世死去によりこれまでは緩やかだったユダヤ人への迫害が、再度、激しくなったからであった。

　ユダヤ人迫害というとその最大の悲劇である第2次世界大戦中のナチスドイツによるホロコーストがまず連想されるだろう。だがヨーロッパにおけるその迫害（ポグロム）の歴史は長く、組織的なものでは第1回十字軍遠征まで遡ることができる。ドイツではその後、彼らを隔離するゲットーが17世紀に建てられ、職業や異人種間結婚は当然のこと、ユダヤ人同士の結婚や子供の数までも制限された。また既述したロシアでも長年にわたり、居住地域は決められ、教育を受ける権利の制限がある一方で、徴兵にはロシア人よりも長く厳しくとられた。特にロシアに関しては、エリ・ヴィーゼルの『沈黙のユダヤ人』(1966) に付けられたアンリ・ルーヴィルの資料やボリス・スモラーの『ソビエトのユダヤ人・今日と明日』(1971) などには、この制限処置が詳しく解説され、ポグロムの被害数も挙げられている。そんな中でもニコライ2世はユダヤ人には寛大な政策を執っていたのだが、彼の死去により圧制は強まるもとになったのであった。また歴

史的に、彼らは政治的な事件で冤罪のターゲットとしてスケープゴート（身代わり・生け贄）にされることも多く、19世紀末から20世紀初頭にかけて世界的に知られているものでは「フランスのドレフィス事件」やユダヤ系アメリカ人作家バーナード・マラマッドが『フィクサー』(1966) でも題材に取り上げた「ロシアのメンデル・バイリス事件」などがある。

　ニューヨークに到着した彼らロシアやポーランド出身のユダヤ系移民である新参者は、大多数が1880年代に移民し既にアメリカで成功を収めていたドイツ系ユダヤ人を中心とする同胞の下、特に既製服産業で働く者も多かった。同胞とはいえ、移民の労働者は掃いて捨てるほどいたから労働条件は過酷で容赦なかった。特に、ニューヨークでは既製服産業が当時から盛んでユダヤ系が勢力を握っていた。彼らが後にこれを基礎に有名なメイシーズなど大手デパートへと発展させたことも記憶しておいてもらいたい。

(2) ユダヤ系アメリカ文学にみる「アメリカ同化」と「旧世界」

　アメリカに到着した移民たちは、生活をしていくためには旧世界での生活スタイルをそのまま実行していくわけにはいかない。そこで葛藤が生じることになる。ことユダヤ系にとっては、宗教を中心にその伝統や文化を守るため「戒律」により身なりから食生活にまで至る。

　「同化」か「伝統」かで揺らぐロシア出身のユダヤ系移民の精神状態を描いたユダヤ系アメリカ文学の古典として有名なのが、エイブラハム・カーン (1860-1951) が書いた『デイヴィッド・レヴィンスキーの出世』(1917) である。カーン自身もロシアからの移民でアメリカ到着後は、19世紀末から20世紀初頭の、第１章で触れた都市における労働運動に力を注ぎ、ストライキなどを組織する一方、ユダヤ系アメリカ人のための新聞『フォワード』紙の編集主幹を長年にわたって務めた人物である。

写真4-2　移民教育に熱心だった
　　　　エイブラハム・カーン

　主人公レヴィンスキーは、旧世界のロシアでは宗教学校へ通う母と暮らす学生であったが、キリスト教徒に母を殺害された後は、裕福な家族からの援助も受けるが結局、「金と物質主義の国」と非難されながらもアメリカへ移民する。ポケットにはわずか4セントでアメリカに降り立った彼は、親切な同胞に運良く救われ、わずかなお金を与えられると共に、アメリカ人としての同化の象徴としての「身なり」も整えてもらう。ここアメリカではユダヤ教を学んだ経験など何の役にも立たない、手に職がある者から仕事に就ける。宗教との決別、旧世界との決別の代わりに彼が手に入れたのは、その後の「奇跡」とも言うべき既製服産業界での「成功」であった。だが、作家カーンが描きたいのはアメリカ同化を奨励することではない。アメリカン・ドリームの体現者レヴィンスキーが成功の末に感じるのは、自身のアイデンティティの不在という精神的空洞感だ。カーンのこのテーマは他の作品でも一貫していて、たとえば代表的な短編「連れて来られた花婿」（1896）でも同様な展開が見られる。作品はユダヤ系アメリカ人の父親が「娘には宗教を研究するユダヤの伝統を重んずる若者を」と旧世界でわざわざ娘のために婿を探し出しアメリカに呼び寄せる。しかし父親の苦労も水の泡。彼はアメリカへ見る見るうちに同化してしまうことになるという作品も書いている。

　一方、1925年に出されたユダヤ系女性作家アンジア・イージアスカ（1885-1970）の『パンをくれる人』では、旧世界におけるユダヤの男尊女

卑のスタイルを、そのままアメリカ社会でも貫き通す父親と、その犠牲となる母と4人姉妹の苦労を描き出す。四女サラがこの作品では主人公で、父親の決められた結婚により苦労を背負い込む3人の姉や、一生父親に仕えた母の二の舞いは踏まぬと、自力で大学を卒業し教師として自立する姿が描かれる。しかしイージアスカが全面的にユダヤの伝統を否定しているかというとそうではない。母亡き後、苦悩する父親を夫となる人物と共に引き受け、この父親を「ユダヤの伝統そのものである」とばかりに読者には「文化の継承」を思わせつつストーリーを終えている。

　この家父長制に苦しんだ歴史が影響したのか、アメリカにおける「女性の自立」という点ではユダヤ系女性の貢献度が多大であることをここで述べておきたい。アメリカにおける「女性の地位向上」の運動の歴史は古い（たとえば19世紀半ばには既に参政権を要求、万博でもそれを主張など）が、急展開をしたのは何といっても、第1次世界大戦前のいわゆる「ニュー・ウーマン（新しき女性）」の運動から20年代の「女性参政権獲得」からフラッパーの時代。50年代から60年代そして70年代へのウーマン・リヴからフェミニズムに至る運動には、旧世界から男尊女卑の文化を体験したユダヤ女性が目覚ましく活躍する。1910年代には「自由恋愛」「避妊」を訴えてアメリカ各地を講演し、20年代にかけては「反戦」「労働運動」「サッコ、ヴァンヴァンゼッティ救援」などに奔走し、投獄や強制国外退去をさせられたユダヤ系のエマ・ゴールドマン（1869-1940）がいた。彼女のソープボックスに乗った名演説に魂を揺り動かされてコミュニストとなった者に、この後すぐに触れるユダヤ系作家マイケル・ゴールド（1893-1967）がいる。また50年代末『女らしさの神話』（1963）を書いて多くの女性の共感を得てNOWを結成したウーマン・リブの教祖とも言えるベティ・フリーダン（1921-　）もユダヤ系アメリカ人家庭出身である。

　さて19世紀から20世紀初頭のユダヤ系社会を生々しいスケッチで描い

た作品がある。続々と知り合いを頼って訪れる移民。またアメリカという新世界で貧困に喘ぎながらも生活していく家族。しかしそれでも忘れ去り得ぬ旧世界の伝統や習慣。この親の世代を見ながらもアメリカで育つ子どもたち。マイケル・ゴールドの『金無しユダヤ人』(1930)の舞台はニューヨークはマンハッタンのユダヤ人街ロウア・イーストサイドである。悪名高きヘスターやバワリーというストリートは当時の「歓楽街」。飲み屋、賭博場に売春宿などが建ち並ぶ。よってマイケル・ゴールドの描く20世紀初頭のユダヤ社会は、不潔で危なく、騒がしい。ユダヤ人たちが目や耳を塞ぎたくなるものもあるだろう。だが、悪人も善人も、みんな貧困の中にいてユダヤ人コミュニティが各人を見捨てられずにいることも確かだ。そうなると最後は「悪」とは「貧困」となる。「貧困」をつくる現状のアメリカが問題視される。プロレタリア作家ゴールドは、主人公にユダヤの「救世主」を望むよりはアメリカに「革命」を望ませ作品を終えることになる。出版が1930年ということからも前年29年の大恐慌後の不況の時代の小説として「プロレタリア文学」の幕開けの小説と位置付けられもするが、実際にはそれよりも20世紀初頭のユダヤ人街の赤裸々な描写が、歴史的事実を描いた貴重な自伝的作品として評価される作品である。

　これら作品は現代ユダヤ系アメリカ人にとって、作品を通じて移民当時の先祖の時代を知ることができると同時に、さらに移民前の旧世界へまでたどり着ける〈エスニティの記録〉でもあるのだ。

3　ユダヤ系アメリカ人と移民そしてハリウッド

(1) ユダヤ系と映像産業の結びつき

　当時19世紀末から20世紀初頭のユダヤ系アメリカ移民にとって、旧世

第4章　アメリカ・都市の発展とエスニシティの記憶　117

界社会を懐かしむ「娯楽」の中心は「イデッシュ・シアター」だった。〈イデッシュ〉とはユダヤ人の言語でドイツ語にスラブ語やヘブライ語が混合した言葉を指すもの。アメリカでありながら「ユダヤ人の言語で旧世界からの彼らの演劇を上演している」劇場が存在していたのである。

　ユダヤ系批評家アーヴィング・ハウの大著『我々の父たち』(1970)では、アメリカにおけるイデッシュ・シアターの歴史におよそ30ページを割いて解説している。そして1880年代初頭からニューヨーク・ユダヤ人街に登場したこの劇場が、やはり移民たちに新天地での〈言葉の壁〉〈文化の壁〉〈労働の疲れ〉を癒し〈故郷〉を懐かしませたことを、ハウは何よりもその冒頭で強調する。また前出のカーンのユダヤ系新聞『フォワード』紙のほとんどの紙面が当時はこのイデッシュ語で書かれていた（一部が英語）ことも、ここで記憶しておいてもらいたい。また当時、入場料は15セントから50セント程で観ることができたのも手軽で魅力だったに違いない。〈エスニシティの記憶〉は娯楽においてもこのように再生されていたのである。

　さてこの時代、新たな動きが始まることになる。フランスではリュミエール兄弟が劇場で映写可能な形での「映画」—〈シネマトグラフ〉を発明し、一方アメリカではかのトーマス・エジソンが「個々に覗き込み形式」での「映画」—〈キネトスコープ〉を発明

写真4-3　イデッシュ・シアターのスター、シュワーツ

写真4-4 パラマウント映画創設者でハリウッドの帝王、アドルフ・ズーカー（まだ毛皮商をしていた頃）

していた。結局、その後は大人数での劇場上映を考えフランスに軍配があがることになる（しかし、エジソンはその後も映画産業を独占しようと思いトラストを作り、キネトスコープの使用なしには映画制作はできないように策略した）。

とはいえアメリカのユダヤ移民たちはこの映画に注目した。エジソンが発明した「覗き込み形式」を100台導入し、倒産したレストランを買い取って商売を始めたのはハンガリー出身のユダヤ系アドルフ・ズーカー（後のパラマウント映画創設者）だった。彼はその後もある時期まではこのスタイルでの営業を続けるが、リミュール兄弟の大劇場での映写による効率的なシネマ方式へと転換していくことは当然の流れであった。その他、20世紀に君臨する大映画会社の創設者の多くが東欧から移民したユダヤ系であることはよく知られていることだ。たとえば、20世紀フォックスはハンガリー出身のウィリアム・フォックスであるし、MGMはロシア出身のルイス・B・メイヤー、ワーナー・ブラザーズはポーランド出身のジャック・ワーナー、一方ユニヴァーサルのカール・レムリ、コロンビアのハリー・コーンはドイツ出身であるがすべてユダヤ系である。

ユダヤ系の中でも東欧出身のユダヤ系が多いのは、既製服産業界が先に移民したドイツからの先輩ユダヤ系によって占領されていたため、新たな分野開拓の道を探っていた東欧出身のユダヤ系にとって映画産業はまたと

ないチャンスであったからだ。

(2) 映画産業の発展を支えたもの

　イデッシュ・シアターに見られる「望郷の念」や「日々の労働から逃避できるひとときの娯楽を求める気持ち」は何もユダヤ系アメリカ移民たちに限ったことではない。移民たちの思いは共通している。既に述べたように、特に19世紀末から20世紀初頭にかけて大量にアメリカへ押し寄せたいわゆる「新移民」と呼ばれる人たちは、スウェット・ショップ（搾取工場）と言われる仕事場で血も涙もない労働条件の下で働かされていたからだ。東欧出身のユダヤ系アメリカ人が本格的に乗り出したこの映画産業は、まさに新移民たちの〈オアシス〉として機能することで発展していった。当時の映画入場券はイデッシュ・シアターの時とほぼ同じ「50セント」。自分たちの経験から移民でも無理なく出せる料金に設定してあることは想像がつく。これが当時の映画館が「ニッケル（＝50セント）オデオン」と称された理由である。つまり、今日の大映画産業の発展の第一歩も、「イデッシュ・シアター」の発想からと考えても言い過ぎではないだろう。

　映画産業が移民たちの娯楽として存在できたことには、ほかにも理由がある。それは当時の映画がまだサイレント時代であったことにある。実際のところ、サイレント映画が〈音入り〉つまり〈トーキー〉へ移行するには、1927年のあの有名な作品『ジャズ・シンガー』まで待たなくてはならない。しかしこのサイレント（音なし）ゆえに、英語がまだ不自由な移民にも〈言語バリア〉を超えて楽しむことができ、映画が大娯楽産業へと発展できたのである。

　このハリウッドの制作会社がユダヤ系で占められていたことに加え、制作スタッフや演じる側もアメリカン・ワスプ以外の外人部隊であったことは知らない人も多いだろう。またその内容と言えば、〈夢〉を見させてく

れる「異国情緒溢れ、官能的な」作品か〈笑い〉で苦悩を忘れさせてくれる「痛快ドタバタ」作品のいずれかだった。前者の代表的存在は性的魅力とエキゾチックさで当時の女性を魅了したルドルフ・ヴァレンチノ。後者の代表格は〈貧困移民の味方〉チャールズ・チャップリンだろう。

(3) ハリウッド－1920年代末から30年代の危機とその後

　1920年代は新移民たちにとって実際は辛い時代であった。この時代は一般には「アメリカ的生活が確立した時代」と称され〈車〉や〈冷蔵庫〉に〈掃除機〉などをはじめ新聞のタブロイド版が発行されたりもし、また禁酒法が施行されていたにもかかわらず「スピーク・イージー（闇酒屋）」や「密造酒」がはびこり、女性のファッションといえば「フラッパー」で、すぐにフィッツジェラルド（1896-1940）の『偉大なるギャツビー』（1925）の世界が思い出される。俗に「ローリング・トゥエンティズ」などと言われ、華やかでみんなが「金持ち」のような印象がある時代だが、それは大間違いだ。騒いでいい気分になっているのは中流以上のワスプの連中だけ。彼らが散々、株と土地を買うのに専心したため、この両方が高騰をし続け、日本の80年代のように29年にはバブルが弾けてしまうことになる。

　そんな中で「新移民たち」の中には、社会党ユージン・デブスを支持してその労働条件の劣悪さに抗議し、また第1次世界大戦に対する反戦運動をする者もいた。「大戦勝利からのワスプの愛国ムード」と「労働運動批判」が重なり〈移民排除〉の動きが政府を中心として盛り上がる。「移民法」も改正され「よそ者、帰れ。同化せぬならアメリカにいるな」と激しいワスプからの攻撃が始まる。実際、政府をあげて訴えた標語は「100％アメリカ人」というもの、つまり〈〈エスニシティの記憶〉はすべて消せ」ということだ。このムードに便乗し、一時は影を潜めていた人種差別団体KKKも息を吹き返し復活する。同時にそんな中で「見せしめとして」起

きたのがかのイタリア系のアナキストを強盗殺人犯として捕えた揚げ句、世界的な救援運動が展開される中、電気椅子に冤罪のまま送った「サッコ、ヴァンゼッティ事件」だった。

　特にイタリア系が政府に目をつけられたのにも理由は考えられる。まずイタリア系のうちの新移民組は貧困苦で祖国脱出の決心をした者も多く、英語はできず手に職もない。だが結束は固く反戦や労働運動には熱心だった。これは当然、アメリカへの忠誠を拒否することと同時に同化政策に反するものであった。また20年に施行された禁酒法は「ざる法」で、闇酒屋は存在し、密造酒も作られた。禁酒法賛成派（ドライ派）を積極的に支援した中にはイタリア系ギャング・マフィアのシチリア出身のシカゴの顔役ジャコモ・コージモとその甥のトッリオがおり、ことトッリオのドライ派指示には策略があった。彼は法施行前、既に山中に闇酒工場を作り商売の準備を着々としていたのだった。その後、20年代には禁酒法がマフィアの温床となり、またその縄張り抗争でギャング同士の血の争いが起きていたことは周知の事実である。そこで頭角を現したのがトッリオに呼ばれて後に有名になるアル・カポネ（1899-1947）で、彼の資金調達法は密造酒に加え、例の労働争議の裏での調整役によっても多額の報酬も得ていたのだった。彼らイタリア系が当時の移民排斥運動の中でもターゲットの１つにされていたことも理解できる。

　さてこの時期に新参移民たちに人気があり、そして制作側もユダヤ系をはじめとする「外人部隊（非ワスプ）」であるハリウッドが時代の流れとして政府からの標的にならないわけはない。事実、政府はハリウッドの制作した数々のいわゆる「〈異国情緒〉漂うロマンスもの」を卑猥だと批判し、映画は青少年の教育上好ましくないと攻撃を開始した。

　だがユダヤ系ハリウッドはこの危機をうまく乗り越える。彼らはハリウッドの理事に政府閣僚からウィリアム・ヘイズを迎え、ワプスのご機嫌を

とる。そして「ドル箱」として人気の高い「ロマンス」を制作中止にはできないから、いわゆる「ワスプ系」の「アメリカ賛美」風の作品も同時に作ることを約束に何とか批判をかわすことに成功したのであった。

4 60年代―文化多元主義と民族集団としてのアイデンティティ

(1) 1960年代《対抗文化》が生んだ価値逆転の効力

　第 2 次世界大戦後の50年代アメリカ社会は、30年代の不況そして40年代という戦時中の節制から解き放たれ、物質主義全盛の時代となった。「豊かなアメリカ」「庭つき一戸建ての暖かい家庭」のイメージがつくられた時代だ。テレビの普及率も大幅に伸び、コマーシャルやホームドラマはそのイメージを国民に「植え付ける」絶好の手段となる。前者は消費時代に拍車を駆け、後者はまた結婚・家族・男女の性差の役割という神話を決定的なものにした。一方、政治的には冷戦が始まり「赤狩り」「ソ連のスパイ容疑で処刑されたローゼンバーグ夫妻裁判」「朝鮮戦争」「核の恐怖」という不安な社会が国民に恐怖を与えていた。「物質的豊かさ」は繁栄のしるし。それは自由主義という競争社会があってのこと。そこから見ると社会主義は〈悪〉という構図ができあがる。それがエスカレートした結果のいわゆる反共ヒステリーがアメリカを覆っていた。このような目前の物質的繁栄を喜びながらも精神的には揺らぐ50年代が、歪んだ社会であったことは明らかだろう。

　社会通念からの「はみだし者」は「異常」と見なされ、ある時は繁栄の敵として「赤狩り」のターゲットにされたり、「精神異常」のレッテルをはられショック療法を施されることもあった。また劇作家アーサー・ミラー(1915-　)がこの「赤狩り」の時代を「魔女狩り」になぞらえて『るつ

ぽ』(1953)を書いたのは周知のことだろう。これは小説同様に芸術面においても、たとえばジャクスン・ポロックやウィレム・デ・クーニングらの「抽象表現主義」の作品が流行したのもこの時代の精神的混乱の表れととれる。

しかし人間性を喪失させられたままではいない、彼らはこの時代に反旗を翻す。50年代後半からはキング牧師（1929-68）の「バスボイコット運動」に始まる少数民族の権利回復のための公民権運動、ベティ・フリーダン著『新しい女性の創造』(1963)から火が点く女性の地位向上運動、ヴェトナム反戦運動、レイチェル・カースン（1907-1964）著『沈黙の春』(1962)が訴えた消費文化と物質主義が引き起こす「環境破壊の問題」などなど多種多様な分野で価値逆転現象が起きたのである。

この〈対抗文化の時代〉の中で、これまで見てきた移民たちつまり少数民族に多大な影響を及ぼしたのが、「公民権運動」であったことは言うまでもない。この節ではユダヤ系アメリカ人以外のアフリカ系アメリカ人、ネイティヴ・アメリカンや日系アメリカ人などを例に60年代に注目し、それが文化多元主義や多文化主義にどう繋がるかを確認しよう。なぜならアメリカでは60年代を転機に、少数民族が「アメリカ人（ワスプみたいに）になれ」という「〈自らのエスニシティを消す〉努力が自らのアイデンティティのためにならず」ということに気づき、民族の自己主張を始めた時代、「ルーツ」の記憶をたぐり寄せ始めた時代だからである。

(2) 少数民族とアイデンティティの回復
　　——アフリカ系アメリカ人、ネイティヴ・アメリカン、日系アメリカ人を例に

南北戦争後の北部へ移動した黒人のことは第1節で少々、既に述べた。それでは南部のアフリカ系アメリカ人（黒人）たちはどうだったのか。「平等」にはなりたくない南部白人が取った苦肉の策は〈分離すれど平等〉

という名のもとに施行された《ジム・クロウ法》で、公共施設は白人用と黒人用に分けられた。またそれを死守するため「平等を望む」黒人にはリンチを繰り返すクー・クラックス・クラン（KKK）がプア・ホワイトの若者により結成されたのも南北戦争直後だった。

　北部では20年代にハーレム・ルネッサンスとしてジャズや文学をはじめ芸術運動が栄えるが、それも1929年の大恐慌までのことだった。北部出身の秀才W・B・E・デュボイス（1868-1963）が『黒人のたましい』（1903）で「才能ある10分の1の黒人が白人と渡り合う」ことを主張し、一方で南部のブッカー・T・ワシントン（1856-1915）は『奴隷より身を起こして』（1901）で「黒人は手に職を付け白人社会に受け入れられよ」とタスキギー職業訓練学校を立ち上げる。

　そんな中、こと南部では《ジム・クロウ法》が相も変わらず存続していた。しかし苦悩の南部も50年代に入ると変わりつつあった。そしてキングによるバス・ボイコット運動を契機に堰を切ったかのように、《ジム・クロウ法》への撤廃の運動が「シット・イン」「フリーダム・ライダーズ」などと南部キリスト教会を中心に展開された。

　前出のデュボイスが黒人が向上するための条件に「制度の改革」と「黒人内面の肌の色への劣等意識の改革」の必要性（『黒人のたましい』）を語るように、60年代には《ジム・クロウ法》撤廃に加え、アフリカ系アメリカ人が自らのアイデンティティを主張した時代だった。キングに加えマルコムX（1925-65）ほか多くの指導者が現れ、「ブラック・イズ・ビューティフル」「ブラック・パワー」そして奴隷制時代を飛び越え自らの祖先をアフリカに見ることで「アフリカ系アメリカ人」を主張したのもこの時代であったことは周知のことだろう。

　この影響は他の少数民族にも大きかったことは言うまでもない。アメリカ・インディアンとしてヨーロッパ人がアメリカへ植民して以来、植民地

の領土獲得戦争に巻き込まれ、アメリカ建国後は西部開拓の名の下に同化政策と強制移住の憂き目に会った苦労の連続のアメリカ先住民（ネイティヴ・アメリカン）であった。「良いインディアンは死んだインディアンだ」とまで開拓時代に言われた彼らも、黒人「ブラック・パワー」ならぬ「レッド・パワー」として60年代に民族の主張をした。なかでも、かつて牢獄であったサンフランシスコ沖に浮かぶ島「アルカトラス島」に約2年に渡り、1966年から68年にかけて独立を望んで籠城した事件は60年代の事件として象徴的なものだ。

　また日系アメリカ人のアメリカにおける移民としての苦悩の歴史は移民後すぐに始まる。元来、19世紀中頃から末にかけて、鉱山や鉄道敷設労働者として移民した中国系移民が、白人労働者の仕事をとってしまうという脅威からリンチや排斥運動が起き、彼らを追い出した末の代用として日本人が呼ばれたのであった。このようにして19世紀末から20世紀初頭に急激に増加した日系移民は、さらにカリフォルニアのワスプには脅威となる。人口の増大と共に、彼らは労働者としての仕事の次のステップとして土地を購入し、母国で慣れ親しんだ農業へと転身していき成果を上げ始めたからだ。1904年には既にアメリカ労働総同盟が日本人労働者敗訴を決議している。また白人農家保護のために日系の土地購入を妨げる《外国人土地法》や20年代にはさらにこの法律を強化し「借地権や子どもへの名義変更や財産管理の権利も剥奪する」ようにもなる。そして「移民法改正」をし、日本人締め出しを企てた。次々と法律でワスプ優位を常に保とうとするやり方はワスプのアメリカ植民以来、繰り返し行われた身勝手で汚いやり方だ。

　そして第2次世界大戦下での〈敵国人〉として収容所へ送られた悲劇は日系アメリカ人の悲劇の最大のものとも言えよう。当時、植民地時代のネイティヴ・アメリカンへの差別的表現をもじって「良い日本人は死んだ日

本人だ」と言われた時期もある。アメリカへの忠誠質問に「ノー、ノー」と答え、日本に忠誠を誓った日系人は収容所から投獄されたのに対し、アメリカに忠誠を誓った者はアメリカ兵として従軍した。前者は「ノー・ノー・ボーイ」として日系社会からは阻害され、後者の中には特にヨーロッパ戦線で「当たって砕けろ」を合い言葉に大活躍し、戦後、日系社会をアメリカに見直させた有名な442部隊がいる。だが60年代になると「ノー・ノー・ボーイ」の評価も変わる。これも「ブラック・パワー」「レッド・パワー」などと民族を前面に出すこの時代に、「イエロー・パワー」として日本人意識の強かった「ノー・ノー・ボーイ」が受け入れられたのも、収容所の時期には考えられなかったことである。またモデル・マイノリティとしての日系のイメージも変化する。収容所へ入れられたことへの不服を政府へ訴える運動も始まり、結局、77年に補償を勝ち取るに至ったのである。

　このようにここで挙げた例以外にも多くのアメリカの少数民族が自らの民族意識を持つようになる。そしてワスプ側もそれを認めざるを得なくなる。第3節(3)で触れた20年代のアメリカの悲劇ともいうべきイタリア系アナキストとして冤罪で27年に電気椅子に送られた《サッコ、ヴァンゼッティ》の無実が晴らされたのが60年代を経た処刑から50年後の77年であったのも、決して無関係ではないだろう。

5　むすび―民族の「ルーツ」という記憶

　数日間、毎晩連続で放映されるアメリカTVミニシリーズで、アレックス・ヘイリー原作の『ルーツ』が放映されたのは1970年代中頃であったし、同じくミニシリーズで『ホロコースト』(こちらはジェラルド・グリ

ーン原作)の放映も1978年になる。ちなみに『ルーツ』は第Ⅰ部12時間、第Ⅱ部14時間という計26時間にも及ぶ、アフリカ系アメリカ人のまさに「祖先(ルーツ)」を遡る話でアフリカから始まる。これらはまさに60年代を転換期として、アメリカの民族意識の高揚がもたらした現象であり、彼らにとっては〈アフリカ中心主義〉、また今日の「文化多元主義」や「多文化主義」の時代への始まりとも言える現象にほかならない。

　奴隷制度で苦しんだ黒人が、ユダヤ系アメリカ人や他の移民集団と同様に、アフリカへその起源を遡ることで、(ワスプへの奴隷制の責任は別の形で追及するとして)自身の内面における奴隷制度以来の悪夢をかき消す手段としたことは大いに注目すべきことである。また他の多くの少数民族集団がそれに続いたことは、「ワスプがお手本」というアメリカ合衆国の同化政策の終焉を意味することでもある。アーサー・シュレジンガーは『アメリカの分裂』(1991)で「〈文化多元主義〉は合衆国の統一を崩し、民族での分離は差別や疎外を助長する」とこれには批判的だ(彼はミドルクラスの白人の意見を代弁している)。だが、この崩壊ももとはと言えば「アメリカ人の理想」を掲げながらも白人帝国を維持するため、自らが〈溶け合う〉ことを拒否したワスプに付けがまわってきた証拠であると見ることもできるだろう。

　前出のカーンの『ディヴィッド・レヴィンスキーの出世』の主人公が、同化し成功したものの「精神的空洞感」に苛まれるのと同様、ノーベル文学賞を受賞したアフリカ系作家トニ・モリスン(1931-　)の1作目『青い目が欲しい』(1970)は、主人公ピコーラが「歪んだ黒人社会」と「白人への同化という脅迫観念」の犠牲になる話だが、すべて「文化多元主義」が解決してくれる問題である。

　そういえば、貧しい移民たちを魅了しアメリカの巨大産業として成長していったユダヤ系ハリウッドが、かつてワスプ系アメリカの脅威として映

ったのは、「ワスプというお手本」を夢見る「アメリカの夢」を娯楽へ向けさせ、さらにそれが「同化政策」の邪魔になるからだった。そんなことは過去のこととなった21世紀、〈文化多元主義〉そして〈多文化主義〉が進むアメリカは今後、どこへ向かうのか。

写真4-5 「アメリカの夢」とは何か。ワスプが作った〈お手本〉を捨てた時、それが問い直される

● 研究課題 ●

アメリカの少数民族の問題について参考図書を読み、ビデオを観賞し、テーマを選択してレポートしてみよう。

(1) ユダヤ系アメリカ人
　　テーマ：①ユダヤ人はいかに移民し、アメリカでいかに生活したか
　　　　　②同化と伝統の問題はどのように起きたか
　　　　　③移民以前の世界（旧世界）での生活はどんなだったか
　　　　　④ホロコーストを考えよう
　参考図書
　　　『ユダヤ系アメリカ文学の出発』（濱野成生, 研究社, 1984）①②③
　　　『ユダヤ系アメリカ短編の時空』（マラマッド協会編, 北星堂, 1997）
　　　　　　　　　　　　　　　　　　　　　　　　　　　　①②④

ビデオ
　　『アメリカ物語』(S. スピルバーグ)　　　　　　①③
　　『愛のイエントル』(B. スライザンド)　　　　　　③
　　『ライフ・イズ・ビューティフル』(R. ベニーニ)　　④

(2) アフリカ系アメリカ人
　　テーマ：①奴隷制度と奴隷解放論者
　　　　　　②キング牧師とマルコムXの60年代
　　　　　　③60年代と人種闘争
　　　　　　④ロス暴動からこんにちの人種問題
　　参考図書
　　　『アメリカ黒人の歴史』(猿谷要，サイマル出版，1968)　①②③
　　　『キング牧師とマルコムX』(上坂昇，講談社新書，1994)　②③
　　ビデオ
　　　『ドゥ・ザ・ライト・シング』(S. リー)　　　　　③④
　　　『ミシシッピー・バーニング』(A. パーカー)　　　③
　　　『アミスタッド』(S. スピルバーグ)　　　　　　　①

(3) 日系アメリカ人
　　テーマ：①第二次世界大戦と収容所の悪夢
　　　　　　②ピクチャー・ブライドとその悲劇
　　　　　　③日系社会とアメリカの中の日本文化
　　参考図書
　　　『日系アメリカ文学』(アジア系アメリカ文学研究会編，創元社，1997)
　　　　　　　　　　　　　　　　　　　　　　　　　　①②③
　　　『移民農業』(矢ヶ崎典隆，古今書院，1993)　　　①②
　　ビデオ
　　　『ピクチャー・ブライド』(カヨ・マタノ・ハッタ)　②③
　　　『愛と哀しみの旅路』(A. パーカー)　　　　　　　①③
　　　『ヒマラヤ杉の降る雪』(S. ヒックス)　　　　　　①③

(4) ネイティヴ・アメリカン
　　テーマ：①植民地闘争とその犠牲について
　　　　　　②アイデンティティ
　　　　　　③リザベーションと伝統

　　参考図書
　　　『アメリカ・インディアン史』（W. T. ヘーガン，北海道大学，1983）
　　　　　　　　　　　　　　　　　　　　　　　　　　　　　　①②③
　　　『インディアンと夢のあと』（徳井いつこ，平凡社新書，2000）
　　　　　　　　　　　　　　　　　　　　　　　　　　　　　　　②③
　　ビデオ
　　　『スモークシグナル』（C. エバート）　　　　　　　　　　②④
　　　『ダンス・ウイズ・ウルヴス』（J. エバーツ）　　　　　　②③
　　　『ラスト・オブ・モヒカン』（M. マン）　　　　　　　　　①②

【文献案内】
　アメリカの都市や民族に関する文献やビデオを紹介し始めると山ほどある。ここでは中でも手に入りやすいもの、または概説的ではあるが初めて学ぶ人に分かりやすいもの、そして基本として押さえておきたいものなどを挙げてみる。また、すべて入手しやすいという点から文献はすべて和書あるいは翻訳で手に入るものに限定してある。一部、参考文献や課題図書と重なるものもあることもお断りしておく。
　まず多文化・多民族アメリカを理解するためには『多民族で読むアメリカ』（野村達朗，講談社新書，1922）、『エスニックアメリカ―多民族国家における同化の現実』（明石紀雄他，有斐閣選書，1997）、『多民族主義のアメリカ―揺らぐナショナル・アイデンティティ』（油井大三郎編，東京大学出版会，1999）などがその理解を十分に助けてくれる。
　アフリカ系アメリカ人の通史としては『アメリカ黒人の歴史』（猿谷要，サイマル出版，1968）が日本の文献ではあらゆる点が網羅されている。またW・E・B・デュボイスの『黒人のたましい』（木島始他訳，岩波文庫，1992）は、20世紀また今世紀にもわたる人種問題の根源的課題を既に1903年に問いただしたバイブル的な書である。
　ユダヤ系アメリカ人の移民の歴史は『ユダヤ系アメリカ文学の出発』（濱野成生，研

究社，1984）や『ユダヤ系アメリカ短編の時空』（日本マラマッド協会編，北星堂書店，1997）が歴史・文学を通して学べ資料も充実し詳しい。

　ネイティヴ・アメリカンでは『アメリカ・インディアン—その生活と文化』（青木晴夫，講談社新書，1979）や『アメリカ・インディアンの歴史』（富田虎男，雄山閣出版，1997）、『アメリカ・インディアン史』（W. T. ヘーガン、西村他訳，北海道大学，1983）など。また日系アメリカ人やアジア系アメリカ人については『アジア系アメリカ文学』（アジア系アメリカ文学研究会編，大阪教育図書，2001）。

　映像作品から多民族国家アメリカを写し出すための理解の助けとなる書は何と言っても『アメリカ映像文学に見る少数民族』（日本マラマッド協会編，大阪教育図書，1998）である。またアメリカ1960年代という対抗文化の時代を1冊で網羅している書は『アメリカの対抗文化』（日本マラマッド協会編，大阪教育図書，1995）がお勧めである。

【参考文献】

ギャブラー・ニール、竹村健一訳『ユダヤの帝国／上・下巻』竹書房，1988.

Homberger, Eric. *The Historical Atlas of New York City*. New York: Henry Holt and Company, Inc., 1998.

Howe, Irving. *World of Our Fathers*. New York: Harcourt Brace Jovanovich, 1976.

O'leary, Liam. *The Silent Cinema*. London: Studio Vista, 1968.

佐藤唯行『アメリカ・ユダヤ人の経済力』PHP新書，1999.

Schulberg, Budd. *Moving Pictures-Memory of A Hollywood Prince*. New York: Scarborough House, 1981.

Thomas, Tony. *Hollywood and The American Image*. Westport: Arlington House, 1981.

コラム

地球環境問題とリサイクル運動 ....

　たとえば、牛乳の紙パックをリサイクルして古紙の材料として回収していたり、プラスチックトレーを回収してマテリアルリサイクルを行ったりと、リサイクル運動が一部の地域では盛んである。これは要するに、限りある資源を再利用することによって、資源消費量を減らそうという考え方である。これらはすべて地球環境を保全するために寄与しているのであろうか。実際「リサイクルはしてはいけない」的な本が刊行され、その議論が行われている。論点は、リサイクルを行えば資源消費量が減るかもしれないが、その加工過程におけるエネルギー消費量（あるいは二酸化炭素放出量）が多いと、結果として温暖化を促進することになるから地球環境に対しては悪影響があり得る、というものであろう。確かにこれは難しい問題を孕んでいて、一言で決着をつけることはできない。では、我々はどうすれば良いか。とりあえず、意識して行動しよう、としか言えなさそうである。つまり、いわゆるリサイクル運動には、確かに省資源と言う意味で環境に優しいのかもしれないが、必ずしも環境に良くない側面を持っていることを理解しておく。そうすれば、妄信的なリサイクル論者にはならないし、新たな情報や社会的合意が生じたときに、即それに対応することがスタンス的に可能であろう。

第5章

都市の構造と環境問題

研究アプローチ

　都市とは、多くの数の様々な人間が生活している場所である。しかも、個々人の生活が他人の生活と全く無関係ではない、ということは言うまでもないことだ。ただ、その関係の仕方には多様なレベル（ご近所との関係や、学校の友達、あるいは選挙、消費税や所得税のような税金で道路ができる、など）がある。本章では、皆が共有し同時に誰のものでもない「環境」と人間との関わりを扱う。

　たとえば、君はゴミを道端に投げ捨てたりしてないだろうか。そのゴミの種類にもよるが、買った菓子パンやアイスの袋、さらにはそれを包むコンビニ袋などを投げ捨てた場合には、必ず誰かが片づけることになる。食べ残したり誤って落としてしまったパンをそのまま道端に残しておくと、それらは分解性が比較的良いため、路上の動物、昆虫、植物あるいは微生物の養分となっていずれなくなるかもしれない。それなら良いかというとそうではなくて、捨てられたものが道端に落ちているのを目にするのは誰も気分の良いものではないだろう。

　道端にゴミを捨てるのは論外だが、では私達は不用物を何も出していないかと言うとそうではないことは明らかだ。生物である私達はまず、呼吸をすれば二酸化炭素を出すし、トイレに行くし、日々の生活のゴミをゴミの集積場に運んでいる。これらのことを止めれば、我々は生命を維持できなくなるから、すべて是認されるのか。これが問題である。皆で決めた「決まり」を守ればそれでとりあえずよしとできようが、それでは、その「決まり」は果たして正当なものなのであろうか。

　極端な例になるが、後で論じる地球温暖化問題は大気に放出される二酸化炭素の問題であるから、人間が二酸化炭素の放出を少なくすれば温暖化

問題を少しは改善できるかもしれない。また、決まりを守ってトイレで用を足しているのは当然だとして、それが流れ込む湖を汚している最大の原因になっている現状はどうなのか。廃棄物の最終処分場がいずれなくなることが予想されていて、ゴミの捨て場がなくなったらそれはどうしたらよいのか。

　それらの問いや現状を解決する1つの鍵が、技術である。公害は主に工業の生産活動に伴って生じてきたことと考えられる。工場や鉱山が、有毒な物質を環境に排出し、それが原因で悪影響が生じた。悪影響が生じてそれの対策技術が導入されることになり、現在はかつて程には公害の悪影響は顕在化しなくなっている。幸運にも、悪影響の原因を取り除く技術が見つかった、あるいは開発されたわけだ。では、そのような技術がなかったらどうなっていたのか。あるいは、現在はすべての問題が技術的に解決されているのであろうか。

　さらに、地域的なものであった公害という現象が解決されたと認識されているにしても、それよりも低濃度で微弱な悪影響が地球全体を覆い始めていると考えられている。いわゆる「地球規模環境問題」のことだが、人類によって共通に認識されているものは、地球温暖化、オゾン層破壊、海洋汚染、さらには生物種の絶滅がある。地球の温暖化がどれだけ人類に悪影響を及ぼすかはなかなか議論の難しいところだが、主に工業の生産活動が原因だとされて、世界的に改善への取り組みがなされている。オゾン層の破壊については、これは長期間人類が使用してきたフロン類が原因であることが明らかなため、技術的な革新が進められていると同時に国際的な対話もなされている。海洋汚染と生物種の絶滅問題については、国際的な議論が始まってはいるものの、何にどう取り組むのが最善かの決着はついていない。

　人類がこのような「環境」に関する問題を抱えていて、それを解決する

ために何ができるのだろうかという研究が、あるいは議論が盛んになされている。どのような技術を開発すれば良いのかということは様々なところで認識されており、多くの研究者がそれを手がけている。では、技術開発が本当にできるのか？　あるいはできなかった時にはどうなるのか、という議論もなされている。結局、広い意味での「道端にゴミを捨てないこと」が今一番大切なのではないだろうか。これは、環境保全と文化は不可分という考え方にも通じる。この章ではそれを検証して行こう。

はじめに

　「木綿のハンカチーフ」、それは都会にあこがれて都会に出て染まって行く若者と、それを悲しむ恋人の歌で、高度成長期を迎えた状況の日本で共感を集めてヒットした。彼らが都会に求めたものは何だったのだろうか。食うに困らない安定した生活か、便利なものに囲まれた生活か、華やかな服装か。そのような単純なことではなく、社会情勢が「都会化」へ向かった、何か漠然とした憧れだったのだろう。
　前章では、アメリカの都市における、エスニシティの記憶が論じられた。それは、ある意味都会、あるいは都市に生活することを前提として、その都市を構成する人間と人間の関係に関わることだ。彼らの行動には、都市ならではの行動様式が前提として含まれていたが、では、その行動様式を支えていたものは何か。それは、いつの時代でも、都市環境を保全する技術であった。
　「木綿のハンカチーフ」時代の日本は、皆が豊かな生活を望み、やっきになって工業化を進め、高度成長期と呼ばれる時代には日本が世界の先進国と肩を並べるほどに成長した。それは、交通網の発達や生活水準の向上

をもたらし、都市生活者が都市の恩恵を全面的に享受するかのように見えた。しかし一方で、そのひずみが公害という形で出た。公害は必ずしも都市に悪影響を及ぼしたわけではなかったが、喘息、光化学スモッグのような都市型のものもあった。公害はもちろん都市活動に悪影響を及ぼす。それは、それが原因で病気になったり死をもたらせば、人間らしい生活を行う可能性を奪い取ることになるからだ。現在はさらに悪いことに、悪影響の数々が、都市という地域的な枠を越えて世界規模、あるいは地球規模で蔓延しつつあることが報告されている。

　都市化、あるいは経済的な繁栄のすべてが後世に対して悪影響を及ぼすと考えるのは早計だが、現状での技術水準が後世に対して持続可能であったと言えるだけのものであるのだろうか。あるいは、それは技術だけの話で終わってしまってよいのであろうか。

　「木綿のハンカチーフ」は歌詞が5番くらいまであって、最後に残された恋人が涙を拭くためにハンカチーフを下さい、ということになるのだが、将来の人類が現在に対して同じようなことになるのだろうか。

1　都市生活者の苦悩

(1) 都会での暮らし

　都会で生活することを望まない人が増えているらしい。その理由は何だろうか。それは、普段都会にいない人が行けばすぐわかる。都会で生活している人達も明らかにそれを認識して、あきらめているか慣れてしまっている。

　朝起きて朝ご飯もそこそこに、通勤通学の途へと向かうことになるが、まず朝のラッシュを避けて通ることはできない。住居と職場あるいは通学

先の位置関係によって多少差はあろうが、基本的に数十分の監禁時間を強いられることとなる。一般に通学先で忙しく勉強するのは良いとして、職場での状況は、こなさねばならない仕事が山積みで、気が休まる暇がない。昼にオフィスの外にランチを食べに行くのは多少楽しみだとしても、都市の路上の大気は劣悪で、信号待ちの間にディーゼル車の粉塵を含む排ガスを吸引することになる。食事はというと、おいしくて安いところは必ず混み、限られた面積に押し込まれた人々と一緒にあわただしく食事をすることになる。

　午後から夕刻まで仕事は続き、夜は基本的には残業。またもや混み合った中を通って帰宅することになる。帰りの混雑した車内の雰囲気の悪さは最近顕著で、特に送別会、新人の歓迎会あるいは忘年会とかの季節には、週に何回かは車内でのけんかを見かけ、自分が刺されないように注意することになる。

　休みの日にはどこかへ出かけてくつろごうかとしても、行楽地に向かう列車は混雑、道路は渋滞で、なかなか心は休まらない。

　つまりは、人が多すぎるのである。多すぎるのに加えて、様々な人間がいて、どこそこで不愉快な思いをすることになる。それに加え、人が多い結果として、普段気がつかない、直接目にしないところでも、様々な困った現象が起きている。

(2) 交通事情

　都会においてはまず、車が多くて空気が悪い。郊外では通勤渋滞とかそういう特例の時間を除けば、まず予測した時間で車移動ができる。逆に、電車の本数や路線は極端に少ないが。それにしても、電車の本数や路線が多い都会で、慢性的な交通渋滞が生じているのには参ってしまう。道路網の整備がされていないわけではない。されていても渋滞するのだ。

では、移動に関して電車の状況はどうかと言えば、確かに本数も路線も多くて便利、せいぜい数回乗り継げば行きたいところから歩いて10分くらいのところには着くことができる。しかし、郊外での通勤渋滞と対応して、こちらでは「殺人的」な満員電車という現象がある。特に朝の郊外からの電車は「すし詰め」を通り越して、まさに殺人的な込み方である。確かに、乗り降りの時間を必要なだけ確保して、電車相互の距離が接近しすぎない最低限のものにしたせいで輸送量は増えたらしい。しかしそのせいで、駅でもないのに止まっている時間が増え、その分殺人的な時間は増すことになった。

　通勤、あるいは通学に関して言えば、その都市生活者の「長さ」も特徴的である。地価の高騰（以前ほどではないにせよ）により、十分なスペースを勤務先に近いところに確保することが難しくなり、結果として、「1時間半は普通」、「2時間かかる人も多い」ということになっている。特に後者は、1日に24時間の6分の1、生活時間が16時間だとするとその4分の1を、通勤時間に取られることになる。しかもそれがすし詰め電車だと、新聞を読むことさえ困難で、横の人の視線を気にしながら文庫本を読むのがせいぜいである。

(3) 大気と水

　空気が悪い、と書いたが、これは必ずしも交通量が多いせいではないし、工場が立地している近所でも同様かもしれない。しかし、郊外から都市域に入ると確かに空の色は異なるし、都会の中でも繁華街の片隅では何らかの悪臭を漂わせていることが多かったりする。以前に比べれば改善されたようだが、光化学スモッグも都会ならではの現象である。

　水についてはどうだろうか。都会においてはすでに、自然を目にするという意味での水環境はなくなっているが、都会の周辺地域を含めた広義の

「都会」の様々なところで水環境が問題になっている。茨城大学の周辺にも、その汚濁が問題となっている涸沼、霞ヶ浦、千波湖が存在している。かつては清浄な水を湛えて人々の憩いの場所になっていたようだが、夏期にはアオコ等の植物プランクトンが発生し美観を損ねているのと、場所によってはそれが腐敗する腐敗臭がするようである。さらに悪いことには、そのような汚濁が問題になっている湖の水から我々の飲料水を作る必要がある場合があるということだ。多くの場合はそのような湖ではなく、河川の水を水源として飲料水を作っているが、湖が汚れているということは、それに流れ込む河川の水質が悪化していることと同じことだ。河川や湖沼の汚濁の原因が様々な理由によっているのは確かだが、なかでも明らかなのは、生活系汚濁、つまりトイレで排出されている汚濁であることが明らかにされている。下水道があればそれでよいかというと、必ずしもそうではない。確かに下水道があれば、直接流入していた雑排水、場合によっては、不十分な処理水を出していた浄化槽から排出されていた汚濁が直接流入しなくなるので、汚濁負荷流入量の減少にはつながる。しかし下水処理は、すべての汚濁を除去した水を放流しているのではなく、国で決まった排水基準を守った水質で放流しているに過ぎない。この件に関しては他の排水の問題と共に後述するが、技術水準と社会的取り決めが、常に最善策を示しているとは限らないことに留意する必要がある。

　いつも飲料水起因とは限らないが、感染性微生物の汚染も増大しつつある印象がある。幼稚園や関西の給食からの病原性大腸菌O157汚染の話は記憶に新しいが、さらには塩素消毒（浄水過程で義務付けられている）が効きにくいクリプトスポリジウムという病原微生物による流行事例の報告を見ると、次にどのような事故が起きても不思議ではない気がしてくる。

(4) 労働と余暇

　次に、都市生活者の日々の勤労についてはどうであろうか。著者が就職するより前のことはわからないが、いつも先輩が口にするのは、「以前よりどんどん忙しくなっている」ということである。以前は土曜半休、日曜休みが普通だったのが完全週休 2 日制になったために、同じ量の仕事をこなすためには 1 日当たりの仕事量が増えるのが道理ではある。しかし、報道で耳にするサービス残業、これは景気の低迷により残業分の賃金を保証できないために、形の上で無給で働く残業時間のことであるが、このようなことがあるとなぜそこまでやらないといけないのかという気もしてくる。

　その理由は、経済的要請である。伝え聞く話では、昭和中期には食にも困る時代があった。そして、いずれ生活水準が上がるにつれ、国民全体が冷蔵庫、テレビ、自動車の購入にあこがれ、労働がそのような庶民の夢をかなえるための手段として機能した。そして、国民の80％が自分の家庭を中流であると意識するまでに達し、経済が生活を豊かにするプロセスは結末を迎えた。現在の経済的要請は、そのように右肩上りであった頃の残務処理、すなわち、現在いびつな経済構造を急激な変革なしで維持するためである。そのようなことでは勤労意欲は減退し、ますます労働時間が増えることになる。

　昭和中期から、人々は生活水準を上げるために都会に移動し、経済的繁栄を迎えた。これは、多くの人が比較的狭い地域に集まっていると労働機会が増えて多くの賃金が得られることと、生産から消費への輸送コストが低くてすむため経済効率が良くなることが原因である。すなわち、元来は経済的な事情である。当時の社会を担った人々は、ほぼ労働に比例した賃金を得て、最終的には家を持つことを目指した。そのため日ごろの楽しみといえば、早く帰った日にはビール片手にテレビでナイターを観戦、そう

でない日はスポーツニュースをくつろぎながら見て、翌日はスポーツ紙を買って読む、ということ位しかなかったのかもしれない。朝日新聞に「定年わっはっは」というコラムがあり、定年を迎えた方々が今どのように生き生きと時間を過ごしているか紹介されていたが、そのような人生を送ることが当時を経てきた人の帰結であることは感謝せねばならないことである。

　では、今の都市生活者は、今の経済事情を背景に、どこまで豊かな生活を送っていると考えられるのだろう。かつて都会で生活するのは生活水準を上げるためであったが、今それは必ずしも当てはまらない。今都会は、かつてあこがれの的であったように、豊かな生活を送るための物理的基盤として機能しているのか。人間が過去に経験してきた、人間らしい生活の記憶は、私達の中に脈々と流れ続けているのだろうか。今の飼い慣らされた（？）都市生活者を見る限り、それは疑問である。

2　都市の繁栄と構造的欠陥

(1) 都市の繁栄

　都市の繁栄とは何か。それは、経済的に、文化的に豊かになるということである。確かに、都市への人間の集中は、多様な人間をそれほど広くない地域に集めてその交流の機会をつくり、多様な人間活動性を登場させると同時にそれを支える仕組みを形成することになった。

　19世紀からのヨーロッパでの芸術の活動は、小作人を抱えた農場主である貴族を中心に、あるいは何かの産業や活動で収入を得た特権階級がパトロンと呼ばれるようになり、彼らによる注文と、その注文に応える製作者との関係で成り立っていた。いわゆる社交界で名を馳せたショパンやリス

ト、ロシアバレー団を率い興行主としてラベルやストラビンスキーに作品を依頼したディアギレフなどに、その形を見ることができる。つまりは、多様な才能を持つ人と、どこか他から経済的裏付けを得てその才能に対して支払うという構図である。

多様であるということは、社会における役割分担につながる。様々な物品の製造、輸送、販売など、商品やサービスの流通が分化して、それぞれが発展して行くことになる。それは基本的に、人間の衣食住に関わることだったり、贅沢品と呼ばれるものであったりした。それらを流通させることは経済活動が盛んになるということと同義であり、すなわち経済的繁栄につながっていった。人間が職業を選択するとき、必ずしも自分が希望する職にはならなかったかもしれない。というより、初期の都市生活者に職業選択の自由は（ある程度以上は）なかっただろう（これは今でも同じかもしれない）。その土地で必要とされる物品は、大量であったかもしれないが、新規に既存業種に参入することは大変だったと思われる。そのため、たとえば親から子へと、親方から弟子へと、さまざまな技術、ノウハウ、あるいはマーケットが伝えられて、それで初めて安定した収入を得ることができた。

そのような場において、多くの収入を得るためには、需要の大きい職、すなわち、人々の購買意欲をそそる、あるいは優良なサービスが提供されるといった、ある種の満足感を与える職業が発達することとなった。それでは、そのような仕組みで、快適な生活空間は保証されているのか。

(2) 環境悪化とその原因

中世の都市において、必ずしもその場が清浄な、衛生的な場所でなかったことは、文献や史実が語るとおりである。たとえば、糞便のことを英語で night soil（夜の土）と言うが、これは部屋の中に蓄積した糞便を夜中に

窓から投げ捨てていたという史実によるらしい。日本においても、江戸時代には既に都会の糞便は世田谷地域の農業の肥料として使われていたらしいから、それが街中に集積されていたところはかなりの悪臭があったに違いない。

　上の記述は、現代では不衛生的で考えられない状況（逆に、江戸時代の例は省資源的で循環型社会を具現化しているが）だが、それは必ずしも問題視されていなかったのではないか。もともと、不衛生という概念が生じたのがいつのことだかわからないが（文明以前にあったとは思う）、とりあえず人間は、日本でも昔から「臭いものにはフタ」（で良いのかという議論は別）と言うし、不要物を無理やり排除しないでもとりあえず目にしない、直接影響しないところまで排除すれば、大丈夫なようである。先に述べた道端にゴミを捨てる行為は、そのような、自分の目の前から排除してしまえばよい、という人間の元来の感覚に近いことに由来する行為であると言える。そのように、排除の仕組みを都市域形成当初から人間は意識していないせいで、廃棄物の問題、環境悪化などが薄々と生じて来ることになる。

(3) 環境悪化への対応

　様々な対策を打ち立てるのが悪影響が出てからになるのは、その対策に対する社会的合意が形成される必要があるからというのは無理のない議論だが、人間は常にそうであった。下水道は、汚物による臭気その他で環境悪化が進んできてから建設されるし（当然と言えばそうなのだが、今の日本の下水道もある意味同じである）、そのような不衛生的な都市域における疾病の発生が水道への汚物の混入で起きることが明らかになってはじめて、塩素による飲料水の消毒がなされるようになった。

　上で述べたように、都市の発展段階では、不要物排除の仕組みは必ずし

も伴わない、というより、絶対伴うことはない。それは、人間がもともと人口密度の低い地域でのみ生息していて、大自然の浄化能力に処理を委ねることが可能であった時代の名残りか、自分の周囲の環境に対して「目に付く」範囲以外へ汚濁を動かしてしまえばそれでよい、という感覚でもともとあることによると考える。ゴミを決まった場所に捨てましょうとか、トイレで用を足しましょう、ということは人間が社会生活の中から生み出してきた知恵以外の何ものでもなく、そのような約束を直感的にもともと知っている人は、基本的にはいないはずである。以上述べたように、都市という存在に人間が集合するのは経済的な、あるいはその他の根源的な欲求のせいであろうが、そこから不要物を排除する仕組みは、都市の成立要因には伴わない。

そのため、人間はたとえば都市域の発展により、不要物の排出量が自然浄化能力を越え、不要物を自ら管理しなくてはならなくなった。しかも、その管理方法、あるいは管理技術を開発し、社会的合意を形成して社会に導入して、様々な悪影響を乗り越えてきた、あるいは何とかしてきた。いや、本当に何とかして来れたのであろうか。

3　生活環境は守られているのか

(1) 環境を守るための取り決め

不要物を排除する仕組みをもともと持たず、悪影響が生じてから社会的約束とそれを裏付ける技術があって、はじめて守られる都市域の生活環境である。現在のその枠組みは、法律で規制されている各種の「基準」によって管理されている。

基準には、必ず守られなくてはならない基準（排ガスの排出基準、水道

水質基準など）と、守ることが望ましい基準（各種の環境基準）とがある。それらの基準を守ることが個々の排出者等に要請されることについて、社会的合意がなされているものである。そのため、今、様々な行為において、それらの基準値をクリアすることが最も重要であり、逆にそれをクリアしさえすればよいことになっている。

そのような「取り決め」が、現在においてどの程度有効であり、逆にどのように不十分であるのか、ここでは水を例に取り上げて説明する。

(2) 水に関する基準

水に関する基準は、必ず守らねばならない「水道水質基準」と「排水基準」、そして、達成することが望ましいとされる「環境基準」がある。それらを組み合わせて運用することにより、水環境全般と水道水が守られるように設定されている。

まず、排水基準である。誰のものでもない、あるいはみんなのものである水環境、なかでも河川あるいは湖沼に排出する「排水」が、どの程度の水質であれば構わないのか、排水基準が規定している。基準値は、有害物質と生活環境項目に分けて設定され、後者の生活環境項目については日量50m^3以上排出している事業者のみが適用されている。この基準は、事業者が常に守らなくてはならないもので、これに反した場合には罰則がある。

ではこの排水基準をクリアした水を排出すれば、水環境において悪影響が生じないのであろうか。環境における基準値は「環境基準」において設定されているので、結果としてそれをクリアできるか否かで考えることになる。「排水基準」と「環境基準」は、その値が等しいわけではないため、排水基準をクリアした水がそのまま河川水となった場合には、環境基準を満たすことはできない。これはどういうことかと言うと、排水基準は環境基準の概ね10倍の値であるため、環境基準の10倍の濃度で排出しても法

的には構わないことになる。すなわち、排水が10倍に希釈されること、あるいは汚濁成分が10分の1以下の濃度に分解されることを仮定しているのである。これは、河川水等の利用率が低い、すなわち汚濁されていない水が豊富に流れているところでは、排水基準を満たした水は環境基準を満たした水となるが、排水の割合が高い例えば都市域だと、必ずしも環境基準を達成できないことになる。

さて「環境基準」とは、その達成率が悪いと言っていつも環境白書等で話題になるものである。しかしこれは、達成できなくても罰則規定はない。もとより、誰のものでもない河川水、湖沼水が汚れていて、誰かを罰することにどういう意味があるのか。その環境基準が決められている根拠は、人間がその水から飲料水を作る、あるいは工業用水を作る、あるいは環境を保全するためにはどの程度の水質であればよいかということである。すなわち、水道水あるいは工業用水のような目的に合った水を供給するために現在用いることのできる技術の水準が、ここでは考慮されている。また、環境を保全するためとは一体何であるのか、はなはだ曖昧ではある。水の、あるいは景観の美観を損ねないことを念頭に決められているはずで、少なくとも水中の生態系に及ぼさないために決められているものではない。

環境基準を満たした水は、現在利用可能な技術により、水道水として使えるまでに浄化され、供給される。その水道水が満たすべき「水道水質基準」は、必ずクリアする必要がある、罰則を伴った基準である。この基準を満たさない水を供給した場合には、水道事業者が罪に問われることになる。

(3) 枠組みと項目の問題点

上で述べた水の基準は、排出時、水道原水として取水される際に、さらに、水道水として供給される際に、それぞれ満たすべきものとして定めら

れていた。排水基準（日量50m^{3}以上排水する事業者のみ）と水道水質基準には罰則があるため守らねばならないが、環境基準には罰則規定がない。しかも、排水基準は環境基準の概ね10倍の値であるため、排水基準を遵守することが環境基準を満たすことに直結しない。そのため、水道事業者が、必ずしも環境基準が守られていない水道原水である河川水等から、水道水質基準に合致した水道水を供給するための苦労をすることになる。現在の水道事業者の取り組みには、まことに頭が下がる思いである。

　以上のような枠組みの問題点に加え、基準項目自体にも問題点は存在する。まず、どの基準も、すべての項目が基準値の範囲であればよい（pHのように範囲が定まっているものや、色度のように異常でないこと、と抽象的な表現の項目もある）が、現在よりも汚染が進行して、すべての項目が範囲ギリギリに入った場合に、現行の基準システムで安全性を保証できるのか、という疑問が生じる。これは、すべての汚濁物質が独立に悪影響を及ぼすのであれば項目ごとの管理でよいのだが、共存することによって悪影響を強め合う物質があった場合には、その影響は基準値設定の論拠と離れたものになるため不可能となる。また、未知の悪影響を及ぼす物質については何ら規定がない。たとえば、ある種のウイルスが、水道水質基準に合致した水道水に含まれていたという事故例の報告がある。清浄で安全であるべき水道水が、基準に従っていても清浄で安全でない可能性があることを示している。

(4)「最大限守られている」としか言えない

　では現在の基準のシステムをどのように改善すればよいのか。

　まず、環境基準の達成率を向上させるためには、排水基準の遵守の徹底が必要である。河川水量の豊かな地域においては現行の排水基準で良いのかもしれないが、都市域のように河川水の利用率が大きいところでは、上

乗せ基準としてより良好な排水でなくてはならないような規定、あるいは日排水量の多寡によらない基準値の遵守を規定しなくてはならないだろう。さらにそれよりも重要なことは、立ち入り検査が入るときにのみしっかり排水を管理するのではなく、常に良好な排水を排出するようにすることであろう。経済的にペイしないというのは、後で延べるように、劣悪な排水を放出する理由にはもはやならない。

　また、悪影響を及ぼす物質による複合影響、あるいは未知物質による悪影響を検出し抑えるためには、新たな検出手法、監視方法による管理が必要である。なかでも最も有望と考えられているのが、化学薬品等の新規登録の際に義務付けられている毒性試験の中から複数種の試験方法で監視するという方法である。各物質それぞれの濃度管理でない、有機物型の検出方法を用いるこのやり方は、飲料水を摂取する人間に対する総合毒性を判定することになるため、妥当性は高いと考えられる。しかし、毒性試験だと何か生物を用いて試験を行うことになるが、具体的にどの生物による試験が最も妥当なのか、現在も検討が続けられている。技術的進歩が望まれる分野である。

　また、新たな感染性微生物による危険性への対策も、検討がなされている。検出法の開発、制御技術の適正化、あるいは新たな指標による病原性微生物の監視など、取り組まれているテーマも多い。専門家集団である学会のレベルで議論が盛んに行われており、今後の進展が期待できる。

　そのような課題が解決途上で、現在の基準システムはどの程度私達の生活を、あるいは水環境を守っているのであろうか。それは、現在の社会システムにおいて可能な限りの技術、管理、それらの論理を総動員して行われているとしか言えない。それが本当の意味で安全かどうか、生態系への悪影響があるかどうか、人間の何世代にもわたる期間においてそのシステムが人間を守っているかどうか、それらの疑問には必ずしも答えられない。

逆に、絶対的な安全性や、悪影響が生じないことを示すことは、不可能であると考えられる。すなわち、社会的合意がなされた範囲で「最大限守られている」としか言えないのである。検出技術の進歩により今後も新たな有害物、感染性微生物等が登場してくることが予想されるが、その予見性がない限り、それらへの対応がなくても社会的には容認されるのである。幸いなことに、人間の技術レベルは進歩し、基準項目や数値の見直しも度々なされているため、将来的により良い方向に向かうこととなるだろう。しかし、技術レベルの進歩は実は保証されているわけではなく、それだけに頼る方向だと将来的に困ったことになる可能性は、否定できない。

4　地球都市の時代

(1) 自然浄化のシステム

　環境の様々な基準は、ある程度自然による浄化能力を見越して設定されてきた。それは、都市における闇の存在（善なる意味での）、あるいは、童話「小人の靴屋」で夜に仕事を手伝ってくれる小人さんのように、人間を支えてくることができた。しかし、自然が人間を手助けしてくれる時代は終結に向かっているようである。それは、地球規模で汚染が広がっていることによってわかる。

(2) 地球規模環境問題

　地球温暖化問題は、実はそのメカニズムや今後の影響評価が十分に予測されていないのだが、人間活動による温室効果ガスの排出、特に化石燃料の燃焼による二酸化炭素の大気への放出が最大の原因だとされている。二酸化炭素ではないが、かつての大気汚染は、地域的な汚染を引き起こした

かもしれないが、その汚染が地球全体へ拡散して希釈されるうちに、無害か検出不能なレベルに下がるか、いつのまにか何らかの仕組みで分解されてしまっていた。二酸化炭素についても、その大気中の濃度は、現在ほど急激な濃度変化がないように、自然のシステムがうまくバランスしていたものと考えられる。しかし、先進国の観測所はもとより、ハワイやあるいは南極の観測所においても見られる二酸化炭素濃度の着々とした濃度上昇は、地球全体が暖かくなっていることを確実に示している。対策としては、要するに二酸化炭素排出量を減らせば良いわけで、世界の国々が共同して二酸化炭素排出量を少なくしようと互いに話し合っている段階である。先進国と開発途上国との意識の違いや、アメリカ合衆国が取り決めを批准しない等問題は残っているが、良い方向に向かっていることは確かである。

　オゾン層破壊の問題は、温暖化よりも原因がはっきりしている。冷蔵庫等で冷媒として用いられていたフロン類がその原因である。フロン類は自然界には存在しない非常に安定した塩素系化合物で、大気に放出されると分解されずに電離層まで到達し、光化学反応で塩素ラジカルを生成、オゾン層のオゾンを連鎖反応的に分解してしまう。そのため、現在オゾン層で吸収されている有害紫外線の地上到達量が増加して、皮膚ガンの増加や、生物の免疫力低下を引き起こすことが懸念されている。この問題の対策として、そのような悪影響のあるフロンの使用と製造が禁止され、新たな悪影響の小さい冷媒の開発が着々となされている。現在までその決め手になるものはないと考えられる（ラジカル化が少ないのは良いが、逆に温暖化への影響が大きくなるものが開発されたりした）が、ここ数年のうちに見つけられることが期待されている。ただし、新たなこの物質をフロンの代わりに使えば大丈夫です、という単純な形になるかどうかは疑問で、密封の度合いとか必要とされる冷媒の体積が大きくなる等の不便さは多少生じるかもしれない。

また、南氷洋に住むクジラ等の動物から、微量な有害物質、しかも、自然には存在しない物質が検出されていると報告されている。それは、非常に安定した工業材料PCBであったり、さらにはダイオキシン類であったりするが、微量有害物の世界的な広がりを示すものとして注目されている。
　さらに、有害廃棄物の越境問題と言って、先進国が使った有害物質がいずれ廃棄物となり、処理しきれない廃棄物が開発途上国に移送されて処分される、という問題も生じている。一度製造された有害化学物質はいずれ無害化されるか、どこかに処分されねばならないわけで、これはその処分を先進国が開発途上国に押し付けている事例である。
　このように、人類の活動の影響が、地球全体に悪影響を及ぼし、さらには南北問題も加わって、まさに「逃げ場のない」状況を呈することとなっている。

(3) 現在の人類と自然との関係

　かつて人間は自然と完全に調和した存在だった。人間は自然の一部として活動し、それを大きく改変するようなことはなかった。人間が排出する汚濁は他の生物への養分となり、第2章で述べられたように、いわゆる自然の物質循環が成立していた。しかし人間は、産業革命以降、一生物種としての物理的力よりも大きなエネルギーを手にすると、自然のある部分を手の内にして自在に操るようになった。これは自然を力によって改変し、より多くの人間が生活をするために、あるいはより便利な生活を行うために時に自然を破壊し、自分たちの望むがままに様々な活動を展開してきた。ただ、ここでは自然を時に破壊することがあったにせよ、自然のある機能、いわゆる自然浄化能力を前提とし期待するものであった。つまり、汚濁の浄化のある部分は必ず大きな自然のふところにおいて浄化されることが期待されていた。これは、先に示した、目に見えないところへ不要物を排除

する、つまりは都市域から汚濁物質を排除することとも通じる。下水や下水処理水の海洋放流はその例である。海洋に放流されれば、希釈されて汚濁が検出できないレベルになると同時に、酸化分解されるなどして無害化されることが前提であった。

　環境容量という言葉がある。一般にある限度までの汚濁は自然浄化能力によって無害化されると考えられているが、その限度のことである。この限度を越えると、環境に汚濁が残存し、人間の生活に悪影響を及ぼし始めることになる。今まで人間が発生する汚濁をどうにか浄化してきた自然が、その浄化能力を越えた汚濁を受けるようにいずれなるのではないだろうか。いや、もうすでにそのような状況になっているかもしれない。つまり、人間が自然の浄化能力の上にあぐらをかき、自然浄化能力がその重みに耐えかねている状況である。地球全体での自然浄化能力がどの程度なのか不明であるが、汚濁排出量が増加すれば、いずれ限界を越えることは明らかである。人間は、地球全体の環境容量を考えたときに、その限界に対する余裕が現在どの程度あるのか、しっかり算定しておかないとあとで後悔することになりかねない。しかも、地球規模の汚染の場合には、人間にはもう逃げ場がないことになる。

(4) 加害者と被害者

　地球環境問題をもう1つ特徴付けているのは、加害者と被害者の構造である。加害者は、二酸化炭素を大量に排出する、自分たちの利便性のために多くのエネルギーや貴重な埋蔵資源を使用している、我々人間であることは間違いがない。しかも、その責任が一部の人間に帰されるのではなく、現在の文明の恩恵をこうむっているほとんど全部の人間が加害者であることになる。被害者は、というと、有害物により絶滅に瀕する生物種、あるいは正常な機能を発揮できなくなる生態系ももちろん被害者であるが、生

態系の一員であると同時に多くの被害を受けることになるのは、加害者と同じ人間である。生態系に対する悪影響はいずれ、主に食物供給の面から人間に悪影響を及ぼすことからも、結局人間に対する悪影響となる。つまりは、地球環境問題においては、人間は自分で自分の首をしめていることになる。

なぜこのようなことになってしまったのか。それは、都市の構造的な欠陥が不要物排除の仕組みを伴わないことである、と先に述べたことと同様、地球上における文明の発展が不要物排除を必ずしも伴って来ず、自然浄化能力にある部分を頼っていたことによる。人間活動の不要物が世界に蔓延し、その浄化能力が追いつかなくなるとしたら、それは問題を生じているすべての都市と同じこととなり、しかも今度はもう逃げ場がない「地球都市」ということになってしまう。

一体人間はどこへ向かおうとしているのか。技術開発によりこの危機を乗り越えることが果たしてできるのか。

5　文化をはぐくむ都市の創造

(1) 都市の地獄絵

たとえば、悲観的な目からすると、このような未来が想像できるかもしれない。

交通渋滞は解消せず、通勤電車の混雑はますます殺人的となり、通勤途中で病死する人数が増大した。また、帰りの通勤車内ではいらだった人間同士のいざこざが絶えず、時に傷害・殺人事件へと発展することから、深夜の都心―郊外電車に乗ることを極力避けるような風潮になった。それと同様に、真面目に勤労する意欲のない少年、あるいは中年による凶悪犯罪

が多発し、都市部においては常に緊張を強いられ、心休まる場所を見つけにくくなった。

　食物はというと、化学薬品から作られた合成食料あるいは今の補助食品のようなタイプが主流になり、野菜や魚はもしあったとしても何か分からない汚染があり、新鮮な生食用の食材は信頼できる業者からのみ高額と引き換えに手に入れることができる。

　水道水は数年前まで飲む人がいるにはいたが、あまりに多発する感染症の流行により、洗濯や洗車、飲まないように気を付けながら沸かして風呂に使うくらいしか用途がなくなった。飲料水や調理の水にはその時々で流行のブランドのボトルドウォーターを用いるのが普通となった。

　さらに、理由がわからないまま異常分娩の発生率がついに過半数となり、子どもを授かることが非常に難しいこととなった。子どもが生まれても、子どもに愛情を注げない親が増加し、家庭崩壊の悲劇が連日報道されることになる。

　海辺という単語は辞書から消え、かつてそのように呼ばれていた場所に行くと、そこには人間の背丈の数倍はある高い堤防が延々と続き、その向こうには腐敗臭を漂わせた塩分濃度の高い水がよどんでいる。

　大気の汚染は深刻で、簡易ガスマスクの着用が普通となる。服装からは半袖の商品が消え、通気性の良いしかも紫外線透過率がほとんどない素材が使われる。そのため夏の冷房に対するエネルギー消費量は年々増え続け、原子力発電所がまた1つ建設されることになった。

　悪影響への対処型の技術開発だけで、このような都市生活を避けることができるのだろうか。また、避けるにはどうしたらよいのであろうか。

(2) 転換可能な方向は

　日本の状況に限って議論を進めると、経済的に皆がそれぞれそこそこに

は豊かである。とりあえず健康でさえいれば何とか食には困らずに生きていける。さらに、長引く不況という現状認識があるが、バブルの時代と比較してどちらが正常なのか、明快に答えることはできない。すべて経済的発展だけが社会的正義、あるいは会社のあるべき姿だというのは、すでに再考が必要な局面に入ってはいないか。

　少し前の世論調査によると、学生による将来の希望の代表が「社長になってプール付きの家に住むのが夢です」ではなく、「自分の時間や家族との時間を大切にしたい」、「みんなの役に立つ仕事がしたい」というように、個人の立身出世とは明らかに一線を画すものとなっている。食に困らなかった世代の風潮であろうか。さらに、その少し前には「自分らしく生きたい」的な意見もあったのだが、最近はそのような見方には無関心で、それほど肩に力が入っていないように見える。それと、サッカーのチケットやあゆとかグレイとかの音楽が売れたとしても、それは単に一部のグループの熱狂であり、世代を通じての共通の関心には乏しいようである。これは、ヒット商品を作れば国家的に経済がうるおうといった大衆の時代ではなく、昨今言われているような多様化の時代であることを示しているのにほかならない。

　人生設計についても、多様性が以前よりも顕著になってきた。いわゆるフリーターという存在は、（いずれ線路に乗ることを想定しているかもしれないが）世間の一般の「卒業→就職→終身雇用」という枠組みから外れた人生を（とりあえず）送っている。終身雇用とは、失職により収入がなくなることを防ぐために皆で相互に保証するシステムで、会社がつぶれない限り（ある程度の）収入が長期間約束されていた。しかし昨今は、金融再編成に見られるように、かつて相互に保証していた枠組みが壊れつつある。長引く金融不況で、希望退職者を募ったりしてリストラを断行しないと、会社が存続できないような状況になっている。そうなると、就職して

も必ずしも安定した生活は手に入らず、自分がどれだけ頑張っても会社経営状態の浮き沈みによって自分の経済状態が左右されることになり、勤労意欲の積極的な意味付けが喪失していることも背景にあろうか。

　このような時代背景において、経済的に大発展することは難しいと思われる。某乳製品メーカーの失敗に見られるように、会社という組織の権威はもはや以前ほどには大きくないため、多様化が進行する人々の生活や価値観に目線を合わせた経済活動が必要であろう。具体的にはどうすればよいか。

　月並みな言い方になるが、環境にやさしい経済活動であることが、今一番求められている。それは、大ヒット商品を作るというよりむしろ、環境への悪影響の少ない、経済活動が持続可能であるというレベルでの商品開発になろう。そのため、かつて急ピッチでなされてきた、利便性や経済性の革新はむしろ二の次にして、廃棄しやすい、再利用しやすい、投入エネルギー量の小さい、埋蔵資源消費量の小さい商品を重視すべきと考えられる。今まで都市化の進行、地球環境問題の顕在化に必ずついて回ってきた、悪影響への後追い技術開発がいらないような、進歩はゆっくりでも将来的に安心して使える商品の開発を重視すべきである。

(3)「袖触れ合うも」の環境管理

　都市の地獄絵で記した未来図にも、文化は生じ得る。ただし、それは我々に与えられた境界条件である地球や、同時代に生きる他人との接触を極端に少なく限ったものとなろう。ただ、それが、我々人間が太古の昔から培ってきた人間らしい文化かどうかは甚だ疑問である。

　経済ではなく環境を第一義的に考慮した商品開発、社会活動、さらにはライフスタイルが、人間の共通の認識となることで、人間が人間らしく生きられる前提条件が満たされるのではないか。

「袖触れ合うも多生の縁」とは、他人を意識することである。都市という人間がある程度以上集中する場所においては、他人を自分と対等の立場として受け入れることが必要となることがある。前に述べたように、地球全体が地球都市と呼ぶべき状態である以上、自分だけがよければそれでよいということにならない。

　これは、先に述べたように道端にゴミを捨てれば誰かが拾うことになる、ということと同じで、商品開発等で有害物質を撒き散らすことになれば、自分よりも後世に生きる人間に対して悪影響を及ぼすことになる。そのように、現在を分け合っている他人のこと、それと、自分がいなくなってある程度時間が経過したときに存在しているはずの他人の両方を意識して行動することが、現代に求められている規範なのではないか。

　その規範を旨とするのであれば、技術開発の方向も、おのずから変化してくるはずである。後ろ向きの技術開発でなく、あとで後ろを向く必要のない技術を今後は重視すべきであろう。

　文化とは、人間の営みである。文化は、そのような共通認識の下で、生活の基盤を支える環境が満足のいくものであることを条件として、初めて人間らしい形で生じてくるものである。今後の社会がそのような方向に果たして向かうのか、それを決めるのが、今を生きる我々の役目である。

● 研究課題 ●

(1) 自分が今、欲しいものについて
　・今、自分の生活に一番欲しいものは何か考えてみよう。
　・上で考えた一番欲しいものが、本当に必要かどうか、考えてみよう。
　・その欲しいものを持つことが、他人の生活とどう関わってくるのか、できるだけ多くの視点で考えてみよう。そしてその結果を、友人と議論してみよう。

(2) 生きるために必要なものについて
・自分が生きるために必要なものを列挙してみよう。
・友人が必要だと考えるものと違うか、友人に聞いてみよう。
・人間らしく生きるために必要なものは何か、友人と話し合って1つの答えを作ろう。

(3) 他人と自分の関わりについて
・自分の行動が他人にどう影響するか、できるだけ多くの視点から考えてみよう。
・逆に、他人の行動が自分にどう影響するか、考えてみよう。

(4) 環境保全に自分が役立てることについて
・何をどうすれば環境を保全できるのか、友人と議論してみよう。

(5) 100年後の日本がどうなっているか、今の自分たちの生活を基に考えてみよう。

【文献案内】
　本章で扱った内容は、非常に多くの文献が出ており、そのどれも読むに値するものであるため、一例として紹介する。
　環境問題について平易に広範に、しかも定量的に説明した本に、浦野紘平著『みんなの地球　環境問題がよくわかる本（改訂増補版）』（オーム社、2001年）がある。これを読めば、環境問題の全貌がつかめる。もう少し専門的だと多少建設工学的なものになるが、浮田正夫・河原長美・福島武彦編著『環境保全工学』（技報堂出版、1997年）が包括的で良い。
　水をめぐる基準、処理技術等に関しては、衛生工学や水環境工学の類書を読めばかなり専門的なことまで説明されている。たとえば、松尾友矩編『大学土木　水環境工学』（オーム社、1999年）。
　廃棄物やリサイクルに関しては、少し前の刊行だがコンパクトで読みやすい、久保田宏・松田智共著『廃棄物工学　リサイクル社会を創るために』（培風館、1995年）や、安井至編『リサイクルのすすめ』（丸善、1995年）が分かりやすい。

今後の文明社会や環境予測に関しては、古沢広祐著**『地球文明ビジョン　環境が語る脱成長社会』**（NHKブックス、1995年）、安井至編著**『21世紀の環境予測と対策』**（丸善、2000年）が参考になる。
　人間が環境を創造する主体であるという立場の新しい学問分野、「創造学」あるいは「環境創造学」の本として、五十嵐敬喜・小松和彦共著**『創造学の誕生　闇と聖を活かすゆたかさを求めて』**（ビオシティ、2000年）、山本孝則著**『新人間環境宣言　環境創造のための社会科学入門』**（丸善、2001年）がある。どちらも若干本章と立場や認識が異なるが、目指すところは近いものである。

コラム　原始人の生態と労働

　人間の生活から排出される環境負荷を削減するためには、人間が自ら開発してきた様々な便利なものを放棄し、極端な話、原始人の生活に戻ればよいという議論がある。もちろんそれはできない相談だし、そこまで強硬に主張する論者もいない。ただ、原始人がどのような生活を送っていたのであろうか。実は、彼らは、もちろん気候の変動や伝染病には今と比べて極端に弱かったと考えられるが、労働時間は少なく、摂取できるタンパク質も今と同様豊富だったと考えられている。しかも、様々なハンディキャップ（特に肉体的損傷）を集団的に介護することはできたようだし、遺体に薬草の花を手向けるほどの知識もあったらしい。音楽を聴いたりサッカー中継を見たりということは無かったろうが、それはそれで豊かな生活だったかもしれない。ふと羨ましくなることも現代人にはあるのではないか。（参考：アーノ・カーレン著「病原微生物の氾濫」（青土社、1996年）、ハイ・ムーン作画「絵コロジー（改訂三版）」（中部リサイクル運動市民の会、1997年））

あ と が き

　都市は様々な顔を持つ。そこへは、人とモノの流通により多種多様な文化も持ち込まれ、変化し続けるもののそれでいて変わらないところも持ち合わせてることになる。また「都市」というと洗練されかつ便利で最先端のものが集まる場所と思われがちだ。だが地方があるから都市も存在できる。そして都市に住む人間はかつて住んだ世界の記憶も捨てられず様々な顔を持ちながら、本当は顔などない都市の一部と化している。
　「記憶」は「環境」が変わろうが「人間」が介在する場所には必ず「文化」として存在してくるものだ。このような「世の中の動き」は、ある一辺から眺めていてもさっぱり分からない。多面的に見てみることで、ある時点からその繋がりや法則が自分なりに解けてくる。このテキストを読んだり、講義を受講したことでそれ以前とは異なる「何か」をあなたはつかめただろうか？　〈もの〉の見方も変わっただろうか？　そうなればしめたもの。このテキストが高校生には大学ではどんなことが学べるのかを理解してもらい、大学生にはより専門の道へと進む道標ともなってくれたらと願っている。
　今回は『記憶と移動のダイナミズム―環境・文化・人間の関係学』と題して総合科目として立ち上げ、それを機に、そのテキストとして高校生や大学生また一般の方々にも読者になっていただこうとメンバーで執筆した。内容は「都市・田園地域における環境と地域社会」、「人やものの移動と文化・コミュニティの継承と崩壊」、および「その多面的変化」などを人文科学・自然科学・工学の異なる視点から分析し検討を行うもの。テキ

ストという性格も生かし、各章の終わりには読者が各自で学べるように問題や参考図書を付した「課題」や参考に読んでもらいたい書物を解説しながら挙げた「文献案内」というコーナーも設けてあり、是非とも参考にして頂ければありがたい。

最後に、本書の出版を快諾して下さった大学教育出版の佐藤守氏には執筆者一同、心から謝意を申し上げたい。

君塚　淳一

＜執筆者紹介＞

木村　競（きむら・きそう）　　　まえがき・第1章
　茨城大学教育学部助教授
　専門：哲学・倫理学・文化論
　著書・論文など：『講座ドイツ観念論第1巻　ドイツ観念論前史』（共著、弘文堂）、『岡倉天心と五浦』（共著、中央公論美術出版）、「変化の理解」（日本倫理学会編『倫理学年報』第41集）、「文化の目的論」（茨城大学教育学部紀要第46号）、「死のコンテクスト1～6」（同第46～48号）ほか

小林　久（こばやし・ひさし）　　　第2章
　茨城大学農学部助教授
　専門：農村計画学、地域資源管理論
　著書・論文など：『農業土木ハンドブック』（分担、農業土木学会）、「農村は物質循環にどう取り組むか」（農村と環境17）、「持続可能な開発に対する物質フロー分析の役割」（国際協力研究17-1）ほか

石井　宏典（いしい・ひろのり）　　　第3章
　茨城大学人文学部助教授
　専門：社会心理学、文化心理学
　　　　ライフストーリー／ライフヒストリー研究
　著書・論文など：『対話と知』（共著、新曜社）、『老いることの意味』（共著、金子書房）、『人生を物語る―生成のライフストーリー』（共著、ミネルヴァ書房）ほか

君塚　淳一（きみづか・じゅんいち）　第4章・あとがき
　茨城大学教育学部助教授
　専門：アメリカ文学（ユダヤ系、アフリカ系作家）
　　　　アメリカ研究（映像論、大衆文化論、人種問題）
　著書・論文など：『アメリカの対抗文化』『アメリカ映像文学に見る少数民族』（共著、大阪教育図書）、『ユダヤ系アメリカ短編の時空』（共著、北星堂書店）、『アメリカン・ポップ・カルチャー』（編著、大学教育出版）、『現代アメリカ文学Ⅰ・Ⅱ』（共訳、彩流社）ほか

神子　直之（かみこ・なおゆき）　　　第5章
　茨城大学工学部助教授
　専門：上下水道工学、水環境工学
　著書・論文など：『環境微生物工学研究法』（共著、技報堂出版）、『日本の水環境3関東甲信越編』（共著・共編、技報堂出版）、『Development of Low-cost Absorbent and Removal of Phosphorus from River Water』（共著、第9回世界湖沼会議）、「紫外線照射水処理における光回復の評価」（共著、水環境学会誌）ほか

記憶と移動のダイナミズム
——環境・文化・人間の関係学——

2001年10月30日　初版第1刷発行

■編著者────茨城大学"グループecho"
■発行者────佐藤　正男
■発行所────株式会社 大学教育出版
　　　　　　　〒700-0951　岡山市田中124-101
　　　　　　　電話 (086) 244-1268　FAX (086) 246--0294
■印刷所────互恵印刷(株)
■製本所────日宝綜合製本(株)
■装　丁────ティー・ボーンデザイン事務所

Ⓒ 2001 Printed in Japan
検印省略　　落丁・乱丁本はお取り替えいたします。
無断で本書の一部または全部を複写・複製することは禁じられています。

ISBN4-88730-461-7